人力资源
管理发展
与创新研究

郭艳 李湘玄 高蕊 ◎ 著

中国出版集团
中译出版社

图书在版编目（CIP）数据

人力资源管理发展与创新研究／郭艳，李湘玄，高
蕊著. -- 北京：中译出版社，2024. 6. -- ISBN 978-7-
5001-7966-5

Ⅰ. F243

中国国家版本馆 CIP 数据核字第 2024NF2189 号

人力资源管理发展与创新研究
RENLI ZIYUAN GUANLI FAZHAN YU CHUANGXIN YANJIU

著　　者：郭　艳　李湘玄　高　蕊
策划编辑：于　宇
责任编辑：于　宇
文字编辑：田玉肖
营销编辑：马　萱　钟筱童
出版发行：中译出版社
地　　址：北京市西城区新街口外大街 28 号 102 号楼 4 层
电　　话：（010）68002494（编辑部）
邮　　编：100088
电子邮箱：book@ctph.com.cn
网　　址：http://www.ctph.com.cn

印　　刷：北京四海锦诚印刷技术有限公司
经　　销：新华书店
规　　格：710 mm × 1000 mm　1/16
印　　张：13
字　　数：214 千字
版　　次：2025 年 3 月第 1 版
印　　次：2025 年 3 月第 1 次印刷

ISBN　978-7-5001-7966-5　　定价：　68.00 元

前　言

随着经济模式的不断更新，社会正在进入一个以智力资源的占有配置与知识的生产分配使用为生存手段的经济时代。这个新的经济时代的兴起，人力资源管理的创新起到了举足轻重的作用。而人力资源是组织经营发展的核心，现代的竞争，归根结底是人才的竞争，也就是人才开发水平的竞争。组织的发展完全依靠高素质的员工来实现，因而人力资源开发与组织其他的工作环节相比，更为重要，也更有挑战性。一方面，人力资源的创新要正确使用、学习、借鉴先进经验，还要注重树立人才成本观念，既要注重投资回报，又要考虑人才投入的长远效应，不能为了节省成本资金而忽视对人才的引进、培养和使用；另一方面，要建立积极的人才培养模式，重视对员工的培训，建立完善的制度。

本书是关于人力资源管理方面的书籍，主要研究人力资源管理发展与创新。本书从人力资源管理的概述、人力资源管理规划的供需预测及执行与控制、人力资源管理职能的战略转型与优化入手，针对人力资源管理的招募、录用及培训进行了阐述；接着深入探讨了人力资源绩效管理及其实施过程、人力资源的薪酬福利管理，并对卫生人力资源管理规划、要求与评价提出了一些建议；最后研究了教育信息化背景下高校人力资源管理机制的构建、高校教师多维绩效考核及二元激励机制创新。本书力求对人力资源管理发展与创新有一定的借鉴意义。

在本书的写作过程中，笔者借鉴了大量相关文献。在此感谢相关资料文献的作者，他们的观点和研究成果支持了本书的写作，并丰富了本书的内容。

由于作者水平有限，书中难免会出现不足之处，希望各位读者和专家能够提出宝贵意见，以待进一步改进，使之更加完善。

作　者

2024 年 1 月

目　录

第一章　人力资源管理概述 ……………………………………… 1

第一节　人力资源概述 ……………………………………… 1

第二节　人力资源管理简述 ……………………………… 8

第二章　人力资源管理的规划 …………………………………… 16

第一节　人力资源规划相关知识 ………………………… 16

第二节　人力资源的供需预测 …………………………… 25

第三节　人力资源规划的执行与控制 …………………… 36

第三章　人力资源管理职能的战略转型与优化 ……………… 41

第一节　人力资源管理职能的战略转型相关研究 …… 41

第二节　人力资源管理职能的优化 ……………………… 54

第四章　人力资源管理的招募、录用及培训 ………………… 68

第一节　人力资源的招聘与甄选 ………………………… 68

第二节　人力资源的录用、评估及有效配置 ………… 78

第三节　人力资源培训的内涵与需求分析 …………… 84

第四节　人力资源培训计划的制订、评估与成果的转化 …………… 89

第五章　人力资源绩效与薪酬福利的管理 …………………… 94

第一节　绩效管理的概述及实施过程 …………………… 94

第二节　绩效考核中的方式、偏差及纠错 …………… 105

第三节　薪酬福利管理的概述 ………………………… 108

第四节　基本薪酬、奖金及福利的管理 …………………………… 113

第六章　卫生人力资源管理规划、要求与评价 ……………… 128

第一节　卫生服务人力资源规划 ………………………………… 128

第二节　卫生人力资源管理工作能力要求 ……………………… 132

第三节　卫生人力资源管理部门与职责 ………………………… 137

第四节　卫生服务人力资源的工作评价 ………………………… 142

第七章　高校人力资源管理的创新机制 ……………………… 147

第一节　教育信息化背景下高校人力资源管理机制的构建 …… 147

第二节　高校教师多维绩效考核创新 …………………………… 165

第三节　高校教师二元激励机制创新 …………………………… 184

参考文献 …………………………………………………………… 200

第一章　人力资源管理概述

第一节　人力资源概述

一、资源与人力资源

（一）资源

资源是一个经济学名词，是为了创造物质财富而投入到生产过程中的一切要素的总和。资源包含的要素非常丰富，一般来说，可以分为自然资源和社会资源两大类，社会资源又包括资本、信息和人力资源等，如图 1-1 所示。

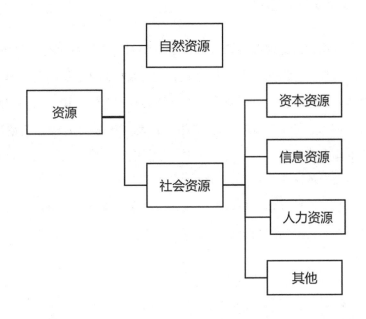

图 1-1　资源的分类

关于各种资源的具体说明如下。

1. 自然资源

自然资源是指自然中存在的未经人类加工的可用于生产活动的自然物，如山川、土地、森林、矿藏。

2. 资本资源

资本资源也是自然物，只是它是经过人类加工而来的，如人类用于生产活动的资金、机器、厂房、设备等都属于资本资源。资本并不会被人类直接消费，它只是人类用来创造新的产品与价值的工具。

3. 信息资源

描述生产活动及与其有关的一切活动的事物的符号集合就是信息资源。相对于其他资源来说，信息资源具有独特性，这种独特性主要体现在它具有共享性。

4. 人力资源

"人是宇宙的精华，万物的灵长。"英国文学家莎士比亚（Shakespeare）的这句话道出了人类的伟大和重要。在所有的资源当中，人力资源是最活跃的，也是最重要的。也正因如此，经济学家将人力资源称为第一资源。

（二）人力资源的定义

自从人类认识到人力资源以来，许多学者都对人力资源进行了诸多的研究，并得出了各自的观点。那么人力资源到底是什么呢？综合以往相关的研究，对人力资源可以做如下理解：人力资源是指人类社会所拥有的一切可以利用的人的劳动能力（包括体力、智力）的总和，是指一定范围内具有为社会创造物质和精神财富、从事体力劳动和智力劳动的人的总称。值得一提的是，很多管理学家都将人力资源视为一种无形资产。人力资源有宏观与微观意义上的概念，这两大意义上的概念主要存在划分和计量单位的差异：以国家或地区为单位，人力资源的概念具有宏观意义；以部门和企事业单位为单位，人力资源的概念则是微观意义上的。

二、人力资源的特征

人力资源作为资源的一种，具有资源普遍性的特点，相对于其他资源，人力资源更具有诸多的独特性。下面主要对人力资源区别于其他资源的特征进行分析。

人力资源的特征主要包括能动性、智力性、社会性、时效性、两重性、再生性、持续性。

（一）能动性

人是具有社会意识的，并能够根据自己的意识，积极主动、有目的、有意识地认识与改造世界，且在认识与改造世界的过程中处于主体地位。这决定了人力资源的能动性，也正是这种能动性使人力资源与其他资源具有了根本性的不同。

人力资源的能动性特征主要体现为自我强化、自我选择和积极性三个方面。自我强化是指人们具有学习的能力，能够通过学习获得知识和技能水平的提高，从而实现自身素质的发展。自我选择是指人具有选择的意识，能够根据自我需要和实际选择职业，通过市场的调节，人类主动与各种物质资源相结合。积极性是指人力资源能够积极劳动，通过积极的劳动不断挖掘自身的潜力，发挥自身的价值。

人力资源的能动性表明，人力资源与其他资源不同，并不像其他许多资源一样在被开发时完全被动，而是具有能动性，因此人力资源的开发水平受到其能动性的影响，即具有"可激励性"，因此要充分发挥人力资源的价值，就要重视人力资源的能动性，采用各种措施，通过激励不断调动人力资源的积极性。

（二）智力性

人力资源具有智力性特征。人与动物都依靠自然界提供的各种资源生存，但动物只是靠本能来顺应自然，人则是在改造自然。人类正是靠着智力从自然界中获得各种生产生活资料，并将其作为自己的手段和工具，不断扩大自身的能力，从而创造更多更丰富的生活生产资料，满足自身和社会的发展。由于智力的存在，人力资源具有无限的可能性，而且这种智力也是具有连续性的，通过智力的不断开发和增强，人力资源的劳动能力也得到增强。

（三）社会性

人生活在一定的社会中，受到社会中各种因素的影响，自然具有了社会性的特征。不同的民族、不同的组织存在于不同的地域中，形成了不同的文化和社会习惯；不同民族和组织的人，受到所处时空的社会、文化、时代的影响，形成了不同的差异，这种种的差异造成了人力资源质量的不同。来自不同地域的人带有各自的文化和价值取向，体现了不同的社会性，在生活生产及交往过程中表现出来。对于人们来说，要重视人力资源的社会性，因此要在人力资源管理中，做好团队建设，将不同人力资源的社会性统一起来，妥善处理好人力资源社会性的差异甚至矛盾，以及利益的协调，为社会的进步打好基础。

（四）时效性

人力资源的前提是人的存在，存在的人是有生命力的，所以人力资源也是有生命力的，同样地，人的生命是有限的，人力资源也具有了时效性的特征。也就是说，人力资源的形成、开发和利用都会受到时间的限制。人是生命有机体，其发育成长及发展都是有着一定的规律和周期的。发育成长期、成年期、老年期是人的生命周期的三大阶段。在这三大阶段中，只有成年期的人才能算现实的人力资源，因为这一阶段的人的体力和脑力都已发展到较高的程度，能够胜任一定的劳动，创造应有价值；而处于发育成长期和老年期的人，前者发育还不够成熟，体力和脑力不足，后者则是体力和脑力衰退，劳动能力丧失，都无法创造价值，因此都不能称为人力资源。人力资源具有时效性，这就要求把握好人力资源受时间限制的特点，在遵循人的成长规律的基础上，适时地开发和利用，发挥人力资源的最大价值和作用。

（五）两重性

人在生产的同时也进行着消费，因此人既是生产者，也是消费者。

人力资源也具有这种两重性，它既能够创造财富和价值，也需要进行投资。对人力资源的投资决定着人力资源的质量，这种投资包括教育投资、卫生健康投资及人力资源的迁移投资。人类几乎所有的知识和技能都是出生以后通过接受教育获得的，其劳动能力也是在后天形成并不断提高的，要获得知识、技能和劳动能力，必须付出一定的时间和金钱。人类要积极劳动，必须有健康的身体做保障，这就离不开对卫生健康的投资。人力资源具有能动性，会根据自己的需要，选择适合自己的职业，因此也需要人力资源迁移的投资。要想获取人力资源，要想提高人力资源质量，进行投资是必需的，只有进行投资才能获取收益。人力资源的投资也遵循投入产出的规律，而且人力资源的投资具有高增值性。因此，在人力资源管理中，要重视对人力资源的投资，不断提高人力资源的质量，发挥人力资源的更大价值，为社会创造更多的效益。

（六）再生性

资源有可再生资源与不可再生资源之分，作为资源中最重要的人力资源则具有再生性。人力资源的再生性通过两个方面得以实现：一是人口的再生产；二是劳动力的再生产。人口不断繁衍，人力资源也就不断再生产，这就是人口的再生产。而劳动力的再生产是指人在从事劳动以后，经过一定的休息和能力补充，劳动力会得到恢复，同时，人也可以通过接受教育、培训获得新的劳动能力或技能。在开发和利用人力资源的过程中，要正确认识人力资源的再生性，保证再生过程的顺利实现，并要区分人力资源再生性与可再生资源再生性，重视人类意识与人类活动对人力资源再生性的影响。

（七）持续性

人力资源具有持续性，这种持续性指的是开发的持续性。许多自然资源在经过开发形成产品之后就没有办法再进行开发了，而人力资源则不同。人力资源的使用是一种开发的过程，人力资源质量的提升同样是一种开发的过程，从这一层面上讲，人力资源可以经过多次开发。只要是现实的人力资源，都可以通过不断的学习更新知识、提高技能，只要他的职业生涯尚未结束，就都是可以进行持续开发的。目前，全世界都在倡导终身学习，其前提就是人力资源的开发持续性。因此，要注重对人力资源的教育培训，不断提高其德才水平。尤其是在科技发展日新月异的新时代，更需要及时地更新完善人力资源的知识，才能顺应时代发展的要求。

三、人力资源的构成

人力资源是由两个方面构成的，分别是数量和质量。

（一）人力资源数量

1. 人力资源数量的含义

人力资源的数量就是劳动力人口的数量，是指一个国家或地区拥有的具有劳动能力的人口资源。从微观意义上进行计量，对于一个组织或者单位而言，人力资源的数量就是其员工的数量。而对于一个国家来说，人力资源的数量要通过现实人力资源数量和潜在人力资源数量进行计量。每个国家都有对于本国居民劳动年龄的规定。未成年人和老年人都不算劳动适龄人口，但他们中有一些人也存在具有劳动能力且正在从事社会劳动的情况，而在劳动适龄人口中，也有一些因种种原因未能参加社会劳动的人口，这些都要作为计算人力资源数量的依据。

2. 影响人力资源数量的因素

一是人口总量及其生产状况。劳动力人口的数量决定了人力资源的数量，而作为人口总量一部分的劳动力人口数量，自然受到人口总量的影响，而人口经过再生产会发生人口数量的变化，这显然也影响着劳动力人口的变化，因此，人口总量及其生产状况决定了人力资源的数量。

二是人口的年龄构成。并不是人口有多少就有多少数量的人力资源，前面也提到，各国都有关于劳动年龄的划分，虽然存在特殊情况，但不可否认，劳动适龄人口才是人力资源的主体，因此，人口总量一定的情况下，劳动适龄人口越多，人力资源的数量也就越多。因此，人力资源的数量在一定程度上受到了人口年龄构成的影响。

三是人口迁移。从人类产生以来，就出现了人口迁移。尤其是在当今全球化的时代，交通发达便捷，为人口的迁移提供了便利的条件。伴随人口迁移而来的就是人口数量的变化，继而会影响人力资源数量的变化，当然，这种影响只是针对迁出地和迁入地的，总体上的人力资源数量是不变的。

（二）人力资源质量

1. 人力资源质量的含义

人力资源质量是指人力资源的素质，是人力资源在质上的规定性。具体来说，人力资源质量主要是指人力资源所具有的体质、智力、知识和技能水平及劳动态度，其通过劳动者的体质、文化、专业技术水平及劳动积极性体现出来。

2. 影响人力资源质量的因素

影响人力资源质量的因素有三个方面：

①遗传等先天因素。对于人类来说，一出生就会具备父母体质和智能的特征，这就是遗传在起作用。人口代系间遗传基因的保持，使这种体质和智能的继承性得以实现，在此基础上，人类还通过变异，不断发展进化。虽然遗传这种先天因素对每个人的影响是很大的，但是人和人之间先天性上的体质和智力水平差异并不大，而通过后天各种因素的影响，这种差异进一步缩小或者拉大。

②教育因素。教育是人类社会所特有的现象，是人有目的、有意识地传授知识和经验的活动。通过接受教育，一个人会获得知识上的丰富、技能上的提高，乃至劳动能力的提升。可以说，人力资源质量的提高，教育是非常重要而且直接的手段。通过接受教育，人力资源的整体素质会获得提高，这也是当今国家注重国民教育的重要原因。

③营养因素。人体要想健康成长，离不开科学的营养补充，营养不仅会对人的体质产生重要影响，还会影响其智力水平。身体是革命的本钱，只有具备健康的身体，才能正常开展学习、工作和生活，也才能具备成为合格劳动力的前提。因此，要重视营养的均衡充足摄入，这样才能使人力资源保持一定的质量。

（三）两者的关系

人力资源的数量和质量两者之间的关系是非常密切的。

人力资源的数量是人力资源的基础。只有具备一定数量的人口，才能有一定的人力资源，同样，只有先具备一定数量的人力资源，才能有具备一定质量的人力资源。没有人力资源的数量，人力资源的质量也就无从说起。一个国家只有具备较多数量的人力资源，也才可能有较多高质量的人力资源。

人力资源的质量在一定程度上可以替代人力资源的数量。人力资源数量的多少并不决定人力资源素质的高低，而一个国家或地区的人力资源优势也不是由人力资源数量决定的，人力资源质量的高低才是决定人力资源优劣的关键。高质量的人力资源是促进一个国家经济和社会发展的重要力量，一个国家或者地区即便拥有数量较多的人力资源，但是如果质量都不高，也难以赶上一个拥有数量少但质量高的人力资源的国家或地区的发展。从这层意义上来说，人力资源的质量可以代替人力资源的数量。

第二节　人力资源管理简述

一、人力资源管理的概念和特征

(一) 人力资源管理的概念

美国管理学大师彼得·德鲁克 (Peter Drucker) 提出了人力资源的概念，之后就出现了人力资源管理。国内外学者也对人力资源管理的概念从不同角度进行了解释，主要如表1-1所示。

表1-1　国内外对人力资源管理概念的阐释

角度	具体阐释
人力资源管理的目的	人力资源管理是借助对人力资源的管理来实现组织目标的活动
人力资源管理的过程或承担的职能	人力资源管理是一个活动过程
人力资源管理的实体	人力资源管理是与人有关的制度、政策
人力资源管理的主体	人力资源管理是人力资源部门或人力资源管理者的工作
综合人力资源管理的目的、过程等方面	人力资源管理是对人力资源的取得、开发、保持和利用等方面所进行的计划、组织、指挥和控制的活动，是通过协调社会劳动组织中的人与事的关系，来充分开发人力资源、挖掘人的潜力、调动人的积极性、提高工作效率、实现组织目标的理论、方法、工具与技术

综合国内外学者对人力资源管理的阐述，可以将人力资源管理定义为通过各种政策、制度和管理实践，以吸引、保留、激励和开发员工，调动员工的工作积极性，充分发挥员工潜能，从而促进组织目标实现的管理活动。

(二) 人力资源管理的特征

与物质性资源管理相比，人力资源管理主要具有如下特征。

1. 人力资源管理从学科的角度讲，具有明显的综合性

信息管理、财务管理往往涉及的是本学科体系的知识，而人力资源管理则涉

及经济学、社会学、心理学、管理学等多学科，需要借助这些学科的基本理论和相关成果来发展自身的学科理论。

2. 人力资源管理活动具有复杂性

人力资源管理活动是人与人之间的交互活动。管理对象的主观能动性，以及人与人之间的情感，利益关系的复杂性，使得人力资源管理活动呈现出复杂性。在人力资源管理活动中往往要求管理者不能简单地站在组织一方的角度思考问题，而需要站在管理对象的角度思考问题，注意听取管理对象的意见，强化与管理对象的互动，不能用简单的方法处理人力资源管理问题。

3. 人力资源管理具有文化性

不同的文化追求会导致组织人力资源管理方式方法的差异性。无论是宏观角度，还是微观角度的人力资源管理，都具有特定的文化取向和人才观念。比如，一些单位特别强调组织的和谐氛围，一些单位特别强调人的能力素质作用，一些单位特别注重分配的公平性，一些单位则特别注重分配的激励性，这些不同的价值观的背后则是这个组织文化特征的差异。因而，不同文化特征的组织，在人力资源管理理念、制度构建和操作上也会表现出一定的差异性。

4. 人力资源管理具有发展性

从传统的人事管理发展到以战略为核心的现代人力资源管理，管理的理念和方法在不断变革之中，人在劳动中的地位越来越得到肯定，有效管理人、充分发挥人的积极性的方式方法也在不断变化发展。如就如何评价人而言，传统的是"目测""口试"，随着人才测评技术的不断发展，逐步发展出人才测评的新方法、新技术。因而，需要人力资源管理从业人员不断学习，提升自己的专业技能水平。

二、人力资源管理的任务和功能

（一）人力资源管理的任务

为有效发挥人力资源管理对组织可能起到的重要作用，组织必须围绕自身的经营发展战略，做好人力资源战略、工作岗位分析、人力资源规划、招聘（招募与甄选）绩效管理、薪酬管理、培训与开发、劳动关系管理等方面的工作。这些方面正是人力资源管理的专业职能模块，也是人力资源管理部门的职责模块。

第一，人力资源战略。组织的人力资源管理活动是围绕组织的使命、愿景、价值观、目标、战略而展开的，也应以此确定人力资源战略。人力资源战略决定了一个组织需要一支怎样的人力资源队伍来帮助自己实现组织战略。

第二，工作岗位分析。确定了人力资源战略要素后，组织就需要依据自身的人力资源战略需要设计一个科学合理的组织结构。在设计完成组织结构后，组织还应该确定在每一部门中设置哪几种职位、每种职位承担的主要工作职责和任务，以及从事此职位的人需具备的任职资格条件。这就是工作岗位分析所要完成的工作。

第三，人力资源规划。人力资源规划是指根据组织的战略和内部人力资源状况而制订的人员吸引或排除计划。人力资源规划主要涉及的内容包括对员工在组织内部的流动情况以及流入和流出组织的行为进行预测，根据预测的结果制订相应的人员供求平衡计划，从而恰当地满足组织的未来经营对人的需要。

第四，招聘（招募与甄选）。招聘是指组织通过招聘新员工来填补职位空缺，包括招募和甄选工作。招募所要解决的是如何获得足够数量的求职者供组织筛选的问题，而甄选则是要解决如何从求职者中挑选出适合组织需要的人的问题。

第五，绩效管理。绩效管理是人力资源管理也是整个管理和运营的中心环节。绩效管理体系是能够保证员工个人及群体的工作活动和工作行动对实现组织战略目标起到积极作用的机制。实行绩效管理，需要对组织的经营目标或战略进行细化，把重要目标和关键责任落实到每一层管理人员和普通员工身上，从而保证组织战略真正得到落实和执行。

第六，薪酬管理。薪酬就是员工为组织提供知识、技能、能力及努力等所得到的经济性报酬。薪酬体系的好坏直接影响到员工的工作积极性、工作绩效的完成度，以及是否留在该组织。

薪酬管理是一个组织根据其全体员工所提供的服务来制定他们应获得的薪酬水平和支付形式。在管理过程中，应该对薪酬形式、构成、水平及结构、特殊员工群体的薪酬等制定具体决策。

第七，培训与开发。培训与开发是一个组织为了让员工具有完成目前或以后的工作内容应具备的知识、技能和能力，从而提高员工在目前或以后职位上的工作绩效而进行的一系列有计划性的连续性活动。

第八，劳动关系管理。劳动关系管理的目的主要是通过促进组织和员工之间的关系和谐从而实现组织目标和长期发展。

（二）人力资源管理的功能

从本质上来看，人力资源管理的功能和职能并不相同，人力资源管理的职能是它所要承担或履行的一系列活动，例如人力资源规划、职位分析、招聘录用等；而人力资源管理的功能是指它自身应该具备或发挥的作用，具有一定的独立性，它的功能是通过职能来实现的。人力资源管理的功能体现在以下五个方面。

1. 获取

进行人力资源管理首先要做的就是获取人力资源。获取这一功能的实现过程为，依据组织目标来制定组织的工作要求和人数等，通过工作分析、人力资源规划、招聘和录用等环节，选拔与目标职位相匹配的任职者的过程。

2. 维持

维持功能主要体现在建立并维持有效的工作关系。通过进行薪酬、考核和晋升等管理活动，保持员工工作的有效性和积极性，维持安全健康的工作环境，从而提升员工的满意度，进而使员工能够安心、满意地投入工作。

3. 整合

整合功能表现在借助培训教育等手段，实现员工的组织社会化。整合的目的是使员工形成与组织一致的价值取向和文化理念，并使员工逐步成为组织人。具体体现为新员工上岗引导，以及文化和价值观的培训。

4. 开发

开发是提高员工能力的重要手段。通过组织内部的一系列管理活动，培养和提高员工的技能和素质，以增强员工的工作能力，并充分发挥员工的潜能，最大限度地实现其个人的价值，使人力资源对组织的发展做出贡献，以达到个人与组织共同发展的目的。

5. 调控

调控功能主要是对员工进行公平、合理的动态管理，对员工的工作表现、潜能和工作绩效进行评估与考核，从而为做出人力资源奖惩、升降和去留等决策提供依据。具体表现为晋升、调动、工作轮换、离退休和解雇等。

三、人力资源管理的理论基础

人力资源管理的理论基础是人力资源管理的科学依据，它为人力资源管理的理论研究和实践活动提供相应的科学理论指导。现代人力资源管理主要受到以下理论的明显影响。

（一）人性假设理论

人性假设是关于人的本质需求的相关假设，它是管理理论与实践中的重要内容，不同的人性观需要采取不同的管理方法和管理手段。美国行为科学家埃德加·沙因（Edgar H. Schein）在前人研究的基础上对人性假设进行了总结划分，将其分为如下四种。

1. 经济人假设

经济人假设理论认为人是"经济人"或"实利人""唯利人"，它假设人采取行为的动机是满足自己的私利，从本质上来看，就是为了获得最大化的经济利益，工作是为了获得物质上的报酬。经济人假设的核心理论主要包括如下五点。

①人的本性是不愿意工作的，只要有可能，人就会逃避工作。

②由于人的本性是不愿意工作，因此，对于大部分人来说，需要对其进行强迫、控制、指挥，才会促使他们为了组织的目标去工作。

③一般人宁可被别人指挥，来逃避应负的责任，很少有太大的野心，更需要安全感。

④人不是理性的，本质上不能自律，容易受到他人的影响，而改变自己的行为。

⑤一般人工作都是想满足自身的生理需要和安全需要，向其提供金钱和其他物质激励才会提高他们工作的积极性。

采用经济人假设来进行人力资源管理，就会形成严密控制和监督式的管理方式，并会实行"任务管理"的措施，管理更加重视劳动生产率的高低，而忽视了人的精神方面。

2. 社会人假设

社会人又称社交人，社会人假设是由美国管理学家梅奥（Mayo）等人在霍桑实验的基础上提出来的。社会人假设理论认为，人们在工作中受到的物质激励会提高其工作积极性，但也强调人是高级的社会动物，与周围其他人的人际关系也在很大程度上影响着人的工作积极性。该假设的核心思想为，促使人们投入工作的最大动力是社会和心理需要，不是经济需要，人们工作的目的是保持良好的人际关系。社会人假设的核心理论主要包括如下几点：

①人们工作的主要动机是社交需求，而不是经济需要。社交需求是人类行为的基本激励因素，人际关系是形成人们身份感的基本因素。

②与管理者所采用的奖酬和控制相比，员工更看重因工作而形成的非正式组织中的社交关系。

③员工对管理者的期望是归属需要、被人接受需要及身份感需要能被满足。

霍桑实验让更多的管理学家认识到，工人生产积极性和工作效率的提高，不仅与物质因素有关，还与社会和心理因素有关。因此，管理理论的重心也由以前的"以人适应物"转向"以人为中心"，在管理中改变了过去层层控制式的管理模式，变为更加注重提高员工参与决策的积极性。

3. 自我实现人假设

自我实现人假设是根据美国心理学家马斯洛（Maslow）的自我实现理论提出的，它假设人性是善的，只要能充分发挥人性的优点，就可以把工作做好。这种理论假设认为，人都有自我激励与自我实现的要求，人工作的主要动机是自我实现。

自我实现人假设的核心理论主要包括如下三点。

①人的动机是由多种动机构成的一个层次系统，包括低级动机和高级动机，最终目的是满足自我实现的需要。

②人们想要在工作上有一定的成就，从而实现自治和独立，发展自己的能力和技术，以便适应环境。

③人们能进行自我激励和控制，外部的激励和控制会对人构成威胁，从而产生不良影响。

在自我实现人假设理论下，管理者的主要内容是寻找什么工作对什么人最具有挑战性，最容易满足人们自我实现的需求。人有自动的、自治的工作特性，因此制定的管理制度应该能够保证员工充分发挥他们自身的才华、积极性和创造性，强调上层管理者应该下放部分权力，从而建立起决策参与制度、提案制度、劳资会议制度，将员工个人的需要与组织的目标融合起来。

4. 复杂人假设

复杂人假设是美国心理学家薛恩（Schein）教授等人在 20 世纪 70 年代初提

出的，他们认为，无论是经济人假设、社会人假设，还是自我实现人假设，都有其合理的一面，但都不适用于一切人。复杂人假设认为：人是复杂的，不能简单地归结为某种类型。一方面，个性因人而异，价值取向也是多种多样的，没有同一的追求；另一方面，同一个人会因环境、条件的不断变化而产生多种多样的需要，各种需要互相结合，形成了动机和行为的多样性。所以，复杂人假设并不是指单纯的某一种人，而是掺杂着善与恶的一种人性。复杂人假设的核心理论主要包括如下五点。

①人的工作动机不但复杂，而且变动很大。每个人都有许多不同的需要，人的动机结构不仅因人而异，而且同一个人的动机也会因时而异。

②一个人在组织中可以昌盛新的需求和动机，他在组织中表现的动机模式是他原来的动机与组织经验交互的结果。

③人在不同的组织和团体中会产生不同的动机模式。在正式组织中不能与别人融合相处的人，在非正式组织中可能会很好地融入进去，从而满足自身的社交需求。在某些复杂的组织中，不同的部门应该采取不同的动机模式来实现其目标。

④一个人是否有很大的满足感，是否愿意为组织尽力，与他本身的动机结构和他与组织的关系有关，工作性质、本人的工作能力和技术水平、动机的强弱、人际关系的好坏都可能产生影响。

⑤人们可以利用自己的动机、能力及工作性质对不同的管理方式采取不同的反应，因而并没有一种适合任何时代、任何人的管理方式。

人性假设理论的核心是从管理者的角度看待被管理者在工作中的特点，或者说员工在管理活动中表现的人性特征问题。

管理者以他们对人性的假设为依据，然后用不同的方式来组织、领导、控制、激励人们。接受一种人性假设的管理人员会用一种方式来管理，而接受另一种人性假设的管理人员会趋向用另一种方式来管理。例如，有的管理人员认为人不会自主地去努力工作，持这种观点的管理人员会采用严格的控制手段进行管理，以确保员工能够按时上班，并在其监管下工作。有的管理人员认为人会自主地去努力工作，持这种观点的管理人员会更加重视在组织内贯彻民主与参与管理制度，鼓励职工自我约束，自我管理，而不是对他们实行严密的监控。

随着社会的发展，不同的组织和管理者的人性观价值观念的差异，所持的人性假设也会表现出一定的差异，但不可否认的是，每个管理者都会有自己的人性假设基础，并影响着单位的人力资源管理制度和实施效果。

（二）激励理论

激励是通过一定的刺激以满足被激励者的需要，从而达到增强其内在行为动力的过程。也就是通过一定的刺激使管理对象产生行为积极性的过程。

1. 激励理论的主要内容

西方的激励理论主要包括内容型激励理论和过程型激励理论。

内容型激励理论集中研究什么样的因素能够引起人们的动机和行为，也就是研究管理者应该使用什么因素来激励被管理者，以促使其产生积极的行为动机。内容型激励理论的典型代表有美国比较心理学家和社会心理学家马斯洛（Maslow）的需要层次理论、美国心理学家奥德弗（Alderfe）的生存-关系-成长理论、美国社会心理学家麦克利兰（McClelland）的成就需要理论、美国心理学家赫茨伯格（F. Herzberg）的双因素理论。

过程型激励理论试图解释和描述动机和行为的产生、发展、持续及终止的全过程，它可以清楚地告诉人们为什么员工在完成工作目标时选择某种行为方式，而不是其他行为方式。典型的过程型激励理论包括美国行为科学家亚当斯（J. S. Adams）的公平理论、美国心理学家布鲁姆（Bloom）提出后经美国心理学家波特尔（Porter）和美国心理学家劳勒（Lawer）发展的期望理论。

2. 激励理论对人力资源管理的影响

人力资源管理十分重要的任务是充分调动管理对象的工作积极性，提高能力素质，以便更好地完成工作任务要求。而用什么东西来调动工作积极性？如何来调动管理对象的工作积极性？激励理论提供了非常丰富的内容。

激励理论可以很好地指导对管理对象的绩效管理，促进管理对象更好地提高工作绩效；在薪酬管理中，更好地发挥薪酬的激励功能；在培训中，更好地激发培训对象学习动机，增进培训效果。可以说，激励理论为有效解决人力资源的行为动力问题提供了坚实的理论支撑。

第二章　人力资源管理的规划

第一节　人力资源规划相关知识

一、人力资源规划的概念

人力资源规划是指在依据战略目标、明确现有的人力资源状况、科学地预测未来的人力资源供需状况的基础上，制定相应的政策和措施，以确保人力资源不断适应经营发展的需要，能够获得长远的利益。

要准确理解人力资源规划的概念，必须把握以下四个要点。

其一，人力资源规划是在组织发展战略和目标的基础上进行的。战略目标是人力资源规划的基础，人力资源管理是组织管理系统中的一个子系统，要为组织发展提供人力资源支持，因此，人力资源规划必须以组织的最高战略为坐标，否则人力资源规划将无从谈起。

其二，人力资源规划应充分考虑组织外部和内部环境的变化。一方面，外部的政治、经济、法律、技术、文化等一系列因素的变化导致外部环境总是处于动态的变化中，战略目标可能会随之不断发生变化和调整，从而必然会引起人力资源需求的变动；另一方面，在发展过程中，不可避免地会出现员工的流出或工作岗位的变化，这可能会引起人力资源状况的内部变化。因此，需要对这些变化进行科学的分析和预测，使组织的人力资源管理处于主动地位，确保发展对人力资源的需求。

其三，人力资源规划的前提是对现有人力资源状况进行盘点。进行人力资源规划，首先要立足于现有的人力资源状况，从员工数量、年龄结构、知识结构、素质水平、发展潜力和流动规律等方面对现有的人力资源进行盘点，并运用科学的方法找出目前的人力资源状况与未来需要达到的人力资源状况之间的差距，为人力资源规划的制订奠定基础。

其四，人力资源规划的目标是制定人力资源政策和措施。例如，为了适应发展需要，要对内部人员进行调动补缺，就必须有晋升和降职、外部招聘和培训，以及奖惩等方面的切实可行的政策和措施来加以协调和保障。

通过人力资源规划，要解决下面三个基本问题。

第一，目标是什么？回答这一问题的目的是在明确组织目标的基础上，衡量目标和现状之间的差异，其中最大的和最重要的差异就成为组织人力资源管理的目标。确定目标需要考虑有哪些条件需要改变，需要采取什么标准来衡量成功与否等。

第二，如何才能实现目标？为了缩小现实与目标之间的差距，需要花费资源从事人力资源管理活动，这也是人力资源管理工作的主要内容。人力资源规划就是要选择手段并把它们整合起来，建立一个体系。

第三，做得如何？在花费人力资源并实施了规划的人力资源管理活动之后，人们需要考察是否已经达到了既定的目标。然后，再回到人力资源规划的第一个问题上，并重新制订新一轮的规划。

二、人力资源规划的作用

人力资源规划不仅在人力资源管理活动中具有先导性和战略性，而且在实施总体规划中具有核心的地位。具体而言，人力资源规划的作用体现在以下四个方面。

（一）有利于组织制定战略目标和发展规划

一个组织在制定战略目标、发展规划及选择决策方案时，要考虑到自身资源，特别是人力资源的状况。人力资源规划是组织发展战略的重要组成部分，也是实现组织战略目标的重要保证。人力资源规划能够了解与分析目前组织内部人力资源余缺的情况，以及未来一定时期内的人员晋升、培训或对外招聘的可能性，有助于目标决策与战略规划。

（二）确保发展过程中对人力资源的需求

内部和外部环境总是处在不断发展变化中，这就要求人力资源的数量、质量和结构等方面不断进行调整，以保证工作对人的需要和人对工作的适应。如果不能事先对人力资源状况进行系统的分析，并采取有效措施，就会不可避免地受到人力资源问题的困扰。因此，人力资源部门必须注意分析人力资源需求和供给之间的差距，制订各种规划，不断满足对人力资源多样化的需要。

（三）有利于人力资源管理工作的有序进行

人力资源规划作为一种计划功能，是人力资源管理的出发点，是任何一项人力资源管理工作得以成功实施的重要步骤。人力资源规划由总体规划和各种业务计划构成，可以在为实现组织目标进行规划的过程中，为人力资源管理活动，如人员的招聘、晋升、培训等提供可靠的信息和依据，从而保证人力资源管理活动的有序进行。

（四）调动员工的积极性和创造性

人力资源规划不仅是面向组织的计划，也是面向员工的计划。员工跳槽从表面上来看是因为员工没有优厚的待遇或者晋升渠道，其实是人力资源规划的空白或不足。组织应在人力资源规划的基础上，引导员工进行职业生涯设计和发展，让员工清晰地了解自己未来的发展方向，看到自己的发展前景，从而积极努力去争取，调动其工作积极性和创造性，共同实现组织的目标。

三、人力资源规划的分类

（一）按照规划的时间长短划分

人力资源规划按时间的长短可以分为长期规划、中期规划和短期规划。

1. 长期人力资源规划

长期人力资源规划期限一般为 5 年以上，对应于长期总体发展目标，是对人力资源开发与管理的总目标、总方针和总战略进行系统的谋划。其特点是具有战略性和指导性，没有十分具体的行动方案和措施，只是方向性的描述。

2. 中期人力资源规划

中期人力资源规划期限一般在 1 年以上 5 年以下，对应于中长期发展目标，包括对未来发展趋势的判断和对发展的总体要求。其特点是方针、政策和措施的内容较多，而且比较明确，但没有短期人力资源规划那样具体。

3. 短期人力资源规划

短期人力资源规划是指 1 年或 1 年以内的规划，一般表现为年度、季度人力资源的规划，主要是具体的工作规划。这类规划的特点是目的明确、内容具体，有明确具体的行动方案和措施，具有一定的灵活性。

（二）按照规划的范围划分

人力资源规划按照范围的大小可以划分为整体规划、部门规划和项目规划。

1. 整体规划

整体规划关系到整个人力资源管理活动，在人力资源规划中居于首要地位。

2. 部门规划

部门规划是指各个部门的人力资源规划。部门规划在整体规划的基础上制订，内容专一性强，是整体规划的子规划。

3. 项目规划

项目规划是指某项具体任务的计划。它是指对人力资源管理特定课题的计划，如项目经理培训计划。项目规划与部门规划不同，部门规划只是单个部门的业务，而项目规划是为某种特定的任务而制订的。

（三）按照规划的性质划分

人力资源规划按照性质的不同可以划分为战略性人力资源规划和战术性人力资源规划。

1. 战略性人力资源规划

战略性人力资源规划着重于总的、概括性的战略和方针、政策和原则，具有全局性和长远性，通常是人力资源战略的表现形式。

2. 战术性人力资源规划

战术性人力资源规划一般指具体的、短期的、具有专业针对性的业务规划。战术性人力资源规划具有内容具体、要求明确、措施落实和操作容易等特点。

四、人力资源规划的内容

（一）人力资源总体规划

人力资源总体规划是对计划期内人力资源规划结果的总体描述，包括预测的需求和供给分别是多少，做出这些预测的依据是什么，供给和需求的比较结果是什么，平衡需求与供给的指导原则和总体政策是什么等。人力资源总体规划具体包括三个方面的内容，分别是人力资源数量规划、人力资源素质规划和人力资源结构规划。

1. 人力资源数量规划

人力资源数量规划主要解决人力资源配置标准的问题，它为未来人力资源配置提供了依据，并指明了方向。人力资源数量规划是指依据未来业务模式、业务流程、组织结构等因素来确定未来各部门人力资源编制，以及各类职位人员配比关系，并在此基础上制订未来人力资源的需求计划和供给计划。

2. 人力资源素质规划

人力资源素质规划是依据战略、业务模式、业务流程和组织对员工的行为要求，设计各类人员的任职资格。人力资源素质规划是选人、育人、用人和留人活动的基础和前提。人力资源素质规划包括人员的基本素质要求、人员基本素质提升计划及关键人才招聘、培养和激励计划等。

3. 人力资源结构规划

人力资源结构规划是指依据行业特点、规模、战略重点发展的业务及业务模式，对人力资源进行分层分类、设计和定义职位种类与职位责权界限的综合计划。通过人力资源结构规划，理顺各层次、各种类职位上人员在发展中的地位、作用和相互关系。

人力资源数量规划和人力资源结构规划及人力资源素质规划是同时进行的，数量规划和素质规划都是依据结构规划所确定的结构进行的，因此人力资源结构规划是关键。

（二）人力资源业务规划

1. 人员配备计划

人员配备计划是指根据组织发展规划，结合组织人力资源盘点报告，来制订人员配备计划。每一个职位、每一个部门的人力资源需求都存在一个适合的规模，并且这个规模会随着外部环境和内部条件的变化而改变。人员配备计划就是为了确定在一定的时期内与职位、部门相适合的人员规模和人员结构。

2. 人员补充计划

人员补充计划，即拟定人员补充政策，目的是能够合理地、有目标地填补组织中可能产生的空缺。在组织中，常常会由于各种原因出现空缺或新职位。为了保证出现的空缺职位和新职位得到及时而又经济的补充，就需要制订人员补充计划。

3. 人员使用计划

人员使用计划包括人员晋升计划和人员轮换计划。晋升计划实质上是内部晋升政策的一种表达方式，根据人员分布状况和层级结构，拟定人员晋升政策。有计划地提升有能力的人员，不仅是人力资源规划的重要职能，更重要的是体现了对员工的激励。

人员轮换计划是为了使员工的工作丰富化、培养员工多方面的技能、激励员工的创造性而制订的在大范围内对员工的工作岗位进行定期轮换的计划。

4. 培训开发计划

培训开发计划是为了满足可持续发展，在对需要的知识和技能进行评估的基础上，有目的、有计划地对不同人员进行的培养和开发。实施培训开发计划，一方面可以使员工更好地胜任工作；另一方面也有助于吸引和留住人才。

5. 薪酬激励计划

制订薪酬激励计划，一方面是为了保证人力资源成本与经营状况保持适当的比例关系；另一方面是为了充分发挥薪酬的激励作用。通过薪酬激励计划可以在预测发展的基础上，对未来的薪资总额进行预测，并设计未来的人力资源政策，如激励对象、激励方式的选择等，以调动员工的积极性。薪酬激励计划一般包括薪资结构、薪资水平和薪资策略等。

6. 劳动关系计划

劳动关系计划是关于减少和预防劳动争议的重要人力资源业务计划。劳动关系计划在提高员工的满意度、降低人员流动率、减少法律纠纷、维护社会形象、保障社会的稳定等方面正越来越发挥着不可估量的作用。

人力资源业务计划是人力资源总体规划的展开和具体化，它们分别从不同的角度保证了人力资源工作规划目标的实现。各项人力资源业务计划是相辅相成的，在制订人力资源业务计划时，应当注意各项业务计划之间的相互配合。

五、人力资源规划的程序

人力资源规划的制订是一个复杂的过程，涉及的内容比较多、人员范围比较广，需要多方面的支持与协作。因此，规范和科学的人力资源规划程序是提高人力资源规划质量的制度保证。人力资源规划的过程一般分为五个阶段，即准备阶段、预测阶段、制订阶段、执行阶段和评估阶段。下面结合这五个阶段对人力资源规划的整个过程进行简要的说明。

（一）准备的阶段

每一项规划要想做好都必须充分收集相关信息，人力资源规划也不例外。由于影响人力资源供给和需求的因素有很多，为了能够比较准确地做出预测，就需要收集有关的各种信息。这些信息主要包括以下三个方面的内容。

1. 外部环境的信息

外部环境对人力资源规划的影响主要是两个方面：一是面对大环境对人力资源规划的影响，如社会的政治、经济、文化、法律、人口、交通状况等；二是劳动力市场的供求状况、人们的择业偏好、所在地区的平均工资水平、政府的职业培训政策、国家的教育政策及竞争对手的人力资源管理政策等。这类外部小环境同样对人力资源规划产生一定的影响。

2. 内部环境的信息

这类信息也包括两个方面：一是组织环境的信息，如发展规划、经营战略、生产技术及产品结构等；二是管理环境的信息，如组织结构、形象文化、管理风格、管理体系及人力资源管理政策等。这些因素都直接决定着人力资源的供给和需求。

3. 现有人力资源的信息

制订人力资源规划，要立足于人力资源现状。只有及时准确地掌握现有人力资源的状况，人力资源规划才有意义。为此，需要借助人力资源信息管理系统，以便能够及时和准确地提供现有人力资源的相关信息。盘点现有的人力资源信息主要包括：个人自然情况、录用资料、教育和培训资料、工资资料、工作执行评价、工作经历、服务与离职资料、工作态度调查、工作环境资料及工作与职务的历史资料等。

（二）预测的阶段

人力资源预测阶段分为人力资源需求预测和人力资源供给预测。这个阶段的主要任务是在充分掌握信息的基础上，选择有效的人力资源需求预测和供给预测的方法，分析与判断不同类型的人力资源供给和需求状况。在整个人力资源规划中，这是最关键也是难度最大的一部分，直接决定了人力资源规划的成败。只有准确地预测出供给与需求，才能采取有效的平衡措施。

1. 人力资源的需求预测

人力资源需求预测主要是根据发展战略和内外部条件选择预测技术，然后对人力资源的数量、质量和结构进行预测。在预测过程中，预测者及其管理判断能力与预测的准确与否关系重大。一般来说，商业因素是影响员工需要类型、数量的重要变量，预测者通过分析这些因素，并且收集历史资料以此作为预测的基础。从逻辑上讲，人力资源需求是产量、销量、税收等的函数，但对不同的组织，每一因素的影响并不相同。

2. 人力资源的供给预测

人力资源供给预测也称为人员拥有量预测。只有进行人员拥有量预测并把它与人员需求量相对比之后，才能制订各种具体的规划。人力资源供给预测包括两部分：一部分是内部拥有量预测，即根据现有人力资源及其未来变动情况，预测出规划各时间点上的人员拥有量；另一部分是对外部人力资源供给量进行预测，确定在规划各时间点上的各类人员的可供量。

3. 确定人员净需求

人力资源需求预测和人力资源供给预测之后，需要把组织中的人力资源需求与组织内部人力资源供给进行对比分析，可以从比较分析中测算出各类人员的净需求数。若这个净需求数是正数，则表明招聘新的员工或对现有员工进行有针对性的培训；若这个净需求数是负数，则表明组织在这方面的人员是过剩的，应该精简或对员工进行调配。这里所说的"人数净需求"包括人员的数量、人员的质量和人员的结构，这样就可以有针对性地制定人力资源目标和人力资源规划。

（三）制订的阶段

在收集相关信息和分析了人力资源供需的基础上，就可以制订人力资源规划了。人力资源规划的制订阶段是人力资源规划整个过程的实质性阶段，包括制定人力资源目标和人力资源规划的内容两个方面。

1. 人力资源目标的确定

人力资源目标是经营发展战略的重要组成部分，并支撑长期规划和经营计划。人力资源目标以长期规划和经营规划为基础，从全局和长期的角度来考虑人力资源方面的发展和要求，为持续发展提供人力资源保证。人力资源目标应该是多方面的，涉及人力资源管理的各项活动，人力资源目标应该满足 SMART 原则（Special 明确具体的，Measurable 可衡量评估的，Achievable 可实现的，Result-oriented 结果导向的，Timed 有时间限制的）：①目标必须是具体的；②目标必须是可以衡量的；③目标必须是可以达到的；④目标必须和其他目标具有相关性；⑤目标必须具有明确的截止期限。

2. 人力资源规划内容的制订

人力资源规划内容的制订包括制订人力资源总体规划和人力资源业务规划。人力资源总体规划包括人力资源数量规划、人力资源素质规划和人力资源结构规划；人力资源业务规划包括人员配备计划、人员补充计划、人员使用计划、培训开发计划、薪酬激励计划和劳动关系计划等。在制订人力资源业务规划内容时，应该注意两个问题：第一，应该具体明确，具有可操作性。例如，一项人员补充计划应该包括根据发展战略需要引进人才的数量和质量、引进人才的时间和需要增加的预算及其他相关问题等。第二，业务性人力资源规划涉及人力资源管理的各个方面，如人员补充计划、人员使用计划、人员培训计划等。由于这些计划是相互影响的，在制订时要充分考虑到各项计划的综合平衡问题。制订人员培训计划时应同时考虑人员使用计划和薪酬激励计划相互之间的协调，因此，各项人力资源业务计划应该相互协调，避免出现不一致甚至冲突的情况。

（四）执行的阶段

制订人力资源规划并不是最终目的，最终目的是执行人力资源规划。人力资源规划的执行是人力资源规划的一项重要工作，人力资源规划执行是否到位，决定整个人力资源规划是否成功。人力资源规划一经制订出来，就要付诸实施。在人力资源规划的实施阶段，需要注意两个方面的问题：一方面，确保有具体的人员来负责既定目标的达成，同时还要确保实施人力资源规划方案的人拥有达成这些目标所必要的权力和资源；另一方面，还需要重视定期得到关于人力资源规划执行情况的进展报告，以保证所有的方案都能够在既定的时间里执行到位，以及在这些方案执行的早期所产生的一些收益与预测的情况是一致的，保证方案的执行是按当初制订的各项人力资源规划进行的。

（五）评估的阶段

对人力资源规划实施的效果进行评估是整个规划过程的最后一步。预测不可能做到完全准确，人力资源规划也不是一成不变的，它是一个开放的动态系统。人力资源规划的评估包括两层含义：一是指在实施的过程中，要随时根据内外部环境的变化来修正供给和需求的预测结果，并对平衡供需的措施做出调整；二是指要对预测的结果及制定的措施进行评估，对预测的准确性和措施的有效性做出衡量，找出其中存在的问题及有益的经验，为以后的规划提供借鉴和帮助。对人力资源规划进行评估应注意以下七个问题：①预测所依据信息的质量、广泛性、详尽性、可靠性；②预测所选择的主要因素的影响与人力资源需求的相关度；③人力资源规划者熟悉人事问题的程度及对它们的重视程度；④人力资源规划者与提供数据和使用人力资源规划的人事、财务部门及各业务部门经理之间的工作关系；⑤在有关部门之间信息交流的难易程度；⑥决策者对人力资源规划中提出的预测结果、行动方案和建议的利用程度；⑦人力资源规划在决策者心目中的价值；⑧人力资源各项业务规划实施的可行性。

第二节 人力资源的供需预测

一、人力资源需求预测

人力资源需求预测就是为了实现战略目标，根据所处的外部环境和内部条件，选择适当的预测技术，对未来一定时期内所需人力资源的数量、质量和结构进行预测。在进行人力资源需求预测之前，先要确定：该岗位将来是否确实有必要存在；该工作的定员数量是否合理；现有工作人员是否具备该工作所要求的条件；未来的生产任务、生产能力是否可能发生变化；等等。

（一）影响人力资源需求的因素

人力资源的需求受到诸多因素的影响，归结起来主要分为两类：内部因素和外部环境。

1. 内部因素

（1）规模的变化

规模的变化主要来自两个方面：一是在原有的业务范围内扩大或压缩规模；二是增加新的业务或放弃旧的业务。这两个方面的变化都会对人力资源需求的数量和结构产生影响。规模扩大，则需要的人力就会增加，新的业务更需要掌握新技能的人员；规模缩小，则需要的人力也将减少，于是就会发生裁员、员工失业。

（2）经营方向的变化

经营方向的调整有时并不一定导致规模的变化，但对人力资源的需求会发生改变。

（3）技术、设备条件的变化

生产技术水平的提高、设备的更新，一方面会使所需人员的数量减少；另一方面对人员的知识、技能的要求会随之提高，也就是对所需人员的质量要求提高。

（4）管理手段的变化

如果采用先进的管理手段，那么会使生产率和管理效率提高，从而引起人力资源需求的变化。

（5）人力资源自身状况

人力资源状况对人力资源需求也存在重要的影响。例如，人员流动比率的大小会直接影响人力资源的需求。人员流动比率反映由于辞职、解聘、退休及合同期满而终止合同等原因引起的职位空缺规模。此外，人员的劳动生产率、工作积极性、人才的培训开发等也会影响人力资源的需求。

2. 外部环境

外部环境对人力资源需求的影响，多是通过内部因素起作用的。影响人力资源需求的外部环境主要包括经济、政治、法律、技术和竞争对手、顾客需求等。

例如：经济的周期性波动，会引起战略或规模的变化，进而引起人力资源需求的变化；竞争对手之间的人才竞争，会直接导致人才的流失；顾客的需求偏好发生改变，会引起经营方向的改变，进而也会引起人力资源需求的变动。

（二）人力资源需求预测的方法

人力资源需求预测的方法包括定性预测法和定量预测法两大类。

1. 定性预测法

（1）管理人员经验预测法

管理人员经验预测法是凭借管理者所拥有的丰富经验甚至是个人的直觉，来预测未来的人力资源需求。例如根据前期工作任务的完成情况，结合下一期的工作任务量，管理人员就可以预测未来的人员需求。它是一种比较简单的方法，完全依靠管理者的经验和个人能力，预测结果的准确性不能保证，通常用于短期预测。同时，当所处的环境较为稳定、组织规模较小时，单独使用此方法，可以迅速得出预测结论，获得满意的效果；在所处环境复杂、组织规模较大的情况下，往往需要与其他预测方法结合使用。

（2）分合预测法

分合预测法是一种较为常用的人力资源需求的预测方法，包括自上而下、自下而上两种方式。自上而下方式，是由高层管理者先初步拟定组织的总体用人目标和计划，然后逐级下达到各部门和单位，在各个部门和单位内进行讨论与修改，再将各自修改之后的意见逐级汇总后反馈回高层，高层管理者据此对总体计划做出修正，最后公布正式的用人计划；自下而上的方式，是高层管理者首先要求各个部门和单位根据各自的工作任务、技术设备的状况等对本部门将来对各种人员的需求进行预测，然后在此基础上对各部门、单位提供的预测数进行综合平衡，从中预测出整个组织将来一定时期的人员需求状况。

通常情况下都是将两种方式结合运用。分合预测法能够使各层管理者参与人力资源规划的制订，根据本部门的实际情况确定较为合理的人力资源规划，调动他们的积极性。但是，这种方法由于受各层管理者的知识、经验、能力、心理成熟度的限制，长期的人员需求预测不是很准确。因此，分合预测法是一种中短期的人力资源需求预测的方法。

（3）德尔菲法

德尔菲法，又称专家预测法，最早由美国兰德公司在 20 世纪 40 年代末创立。德尔菲法在创立之初被专门用于技术预测，后来才逐渐扩展到了其他领域，成了一种专家们对影响组织发展的某一问题的看法达成一致意见的结构化方法。德尔菲法的特征体现在以下三个方面：①吸引专家参与预测，充分利用专家的经验和学识；②采用匿名或背靠背的方式，使每一位专家独立、自由地做出自己的判断；③预测过程多次反馈，使专家的意见逐渐趋同。

德尔菲法用于人力资源需求预测的具体操作步骤如下：①确定预测的目标。由主持预测的人力资源管理部门确定关键的预测方向、相关变量和难点，列举出必须回答的有关人力资源预测的具体问题。②挑选各个方面的专家。每位专家都要拥有人力资源预测方面的某种知识或专长。③人力资源部门向专家们发出问卷和相关材料，使他们在背靠背、互不通气的情况下，独立发表看法。④人力资源部门将专家的意见集中、归纳，并将归纳的结果反馈给他们。⑤专家们根据归纳的结果进行重新思考，修改自己的看法。⑥重复进行第四步和第五步，直到专家们的意见趋于一致。通常这一过程需要 3~4 轮。

德尔菲法的优点是可以集思广益，并且可以避免群体压力和某些人的特殊影响力，对影响人力资源需求各个方面的因素可以有比较全面、综合的考虑。这种方法适用于长期的、趋势性的预测，不适用于短期的、日常的和比较精确的人力资源需求预测。

2. 定量预测法

（1）趋势分析法

趋势分析法是利用组织的历史资料，根据某个因素的变化趋势预测相应的人力资源需求。这种方法有两个假定前提：第一，假定生产技术构成基本不变。这样单位产品的人工成本才大致保持不变，并以产品数量的增减为根据来推测人员需求数量。第二，假定市场需求基本不变。在市场需求变化不大的情况下，人员数量与其他变量（如产量）的关系才容易分析出来。

趋势分析法的操作步骤如下：①选择相关变量。确定一种与劳动力数量和结构的相关性最强的因素为相关变量，通常选择销售额或生产率等。②分析相关变量与人力资源需求的关系。分析此因素与所需员工数量的比率，形成一种劳动率指标，如生产量/每人时等。③计算生产率指标。根据以往 5 年或 5 年以上的生产率指标，求出均值。④计算所需人数。用相关变量除以劳动生产率得出所需人数。

（2）转换比率分析法

转换比率分析法是根据过去的经验，把未来的业务量转化为人力资源需求量的预测方法。

转换比率分析法的操作步骤如下：①确定未来的业务量。根据以往的经验估计与业务规模相适应的关键技能员工的数量。②再根据关键技能员工的数量估计辅助人员的数量。③相加得出人力资源总需求量。

使用转换比率法将业务量转换为人力资源需求量时，通常要以组织已有的人力资源的数量与某个影响因素之间的相互关系为依据，来对人力资源的需求进行预测。以一所医院为例。当医院的病床数量增加一定的百分比时，护士的数量也要增加相应的百分比，否则难以保证医院的医疗服务质量。类似的还有根据过去的销售额和销售人员数量之间的比例关系，预测未来的销售业务量对销售人员的需求量。

需要指出的是，转换比率分析法有一个隐含的假设，即假设组织的生产率保持不变。如果考虑到生产率的变化对员工需求量的影响，可使用以下的计算公式：

$$计划期所需员工数量 = \frac{目前业务量 + 计划期业务量}{目前人均业务量 \times (1 + 生产率增长率)}$$

使用转换比率分析法进行人力资源需求预测时，需要对未来的业务量、人均的生产效率及其变化做出准确预测。这样对未来人力资源需求的预测才会比较符合实际。

（3）回归分析法

人力资源的需求总是受到某些因素的影响，回归预测法的基本思路就是要找出那些与人力资源需求关系密切的因素，并依据过去的相关资料确定它们之间的数量关系，建立一个回归方程，然后再根据这些因素的变化及确定的回归方程来预测未来的人力资源需求。使用回归预测法的关键是要找出那些与人力资源需求高度相关的变量。

根据回归方程中变量的数目，可以将回归预测分为一元回归预测和多元回归预测两种。一元回归涉及一个变量，建立回归方程时相对比较简单；而多元回归涉及的变量较多，所以建立方程时要复杂得多，但是它考虑的因素也比较全面，预测的准确度往往要高于前者。曲线关系的回归方程建立起来比较复杂。为了方便操作，在实践中经常采用线性回归方程来进行预测。

二、人力资源供给预测

人力资源供给预测也称为人员拥有量预测，是预测在某一未来时期组织内部所能供应的或经培训可能补充的，以及外部劳动力市场所提供的一定数量、质量和结构的人员，以满足为实现目标而产生的人员需求。

（一）人力资源供给

内部人力资源供给预测主要分析计划期内将有多少员工留在目前的岗位上，有多少员工流动到其他的岗位上，又有多少员工会流出组织。

1. 影响内部人力资源供给的因素

（1）现有人力资源的运用情况

现有人力资源的运用情况包括员工的工作负荷饱满程度、员工出勤状况、工时利用状况，以及部门之间的分工是否平衡等。

（2）人员流动状况

在收集和分析有关内部劳动力供应数据时，内部人员流动率将对劳动力供给产生很大影响。这些人员流动率的数据包括晋升率、降职率、轮岗率、离职率。人员的流动率可以根据历史数据与人力资源管理经验来预测。通过分析规划期内可能流出和流入的人数与相应类型及内部劳动力市场的变动情况，判断未来某个时点或时期内部可提供的人力资源数量。

（3）员工的培训开发状况

根据经营战略，针对未来可能需要的不同技能类型的员工提供有效的员工开发和培训，可以改善目前的人力资源状况，使人力资源的质量、结构更能适应未来发展的需要。这从人力资源满足发展的有效性来看，通过减少冗余的人力资源可以增加人力资源的内部供给。

2. 内部人力资源供给预测的方法

（1）人员接替法

人员接替法就是对组织现有人员的状况做出评价，然后对他们晋升或者调动的可能性做出判断，以此来预测组织潜在的内部供给。这样，当某一职位出现空缺时，就可以及时地进行补充。

人员接替法的操作步骤如下：①确定人员接替计划包括的岗位范围；②确定各个岗位上的接替人选；③评价接替人选当前的工作绩效和晋升潜力；④了解接替人选本人的职业发展需要，并引导其将个人目标与组织目标结合起来。

（2）人力资源"水池"模型

该模型是在预测组织内部人员流动的基础上来预测人力资源的内部供给。它与人员接替法有些类似，不同的是人员接替法是从员工出发来进行分析，而且预测的是一种潜在的供给。"水池"模型则是从职位出发进行分析，预测的是未来某一时间现实的供给，并且涉及的面更广。这种方法一般要针对具体的部门、职位层次或职位类别来进行。由于它要在现有人员的基础上通过计算流入量和流出量来预测未来的供给，这就好比是计算一个水池未来的蓄水量，因此称为"水池"模型。

人力资源"水池模型"的操作步骤如下：①明确每个职位层次对员工的要求和需要的员工人数；②确定达到职位要求的候选人，或者经过培训后能胜任职位的人；③把各职位的候选人情况与员工的流动情况综合起来考虑，控制好员工流动方式与不同职位人员接替方式之间的关系，对人力资源进行动态管理。

对各职位层次员工的供给预测，可以使用以下公式：

未来内部供给量 = 现有员工数量 + 流入总量 − 流出总量

对每一层次的职位来说，人员流入的原因有平行调入、上级职位降职和下级职位晋升；流出的原因有向上级职位晋升、向下级职位降职、平行调出、离职和退休。对所有层次分析完之后，将它们合并在一张图中，就可以得出组织未来各个层次职位的内部供给量及总的供给量。

（二）外部人力资源供给

当内部的人力资源供给无法满足需要时，就需要从外部获取人力资源。外部人力资源供给预测，主要是预测未来一定时期，外部劳动力市场上所需人力资源的供给情况。外部人力资源供给依赖于劳动力市场的状况，其影响因素主要考虑以下两个方面。

1. 影响外部人力资源供给的因素

（1）宏观经济形势

劳动力市场的供给状况与宏观经济形势息息相关。宏观经济形势越好，失业率越低，劳动力供给越紧张，招募越困难；反之亦然。

（2）全国或本地区的人口状况

影响人力资源供给的人口状况包括：①人口总量和人力资源率。人口总量越大、人力资源率越高，人力资源的供给就越充足。②人力资源的总体构成。这是指人力资源在性别、年龄、教育、技能、经验等方面的构成，它决定了不同层次和类别上可以提供的人力资源数量与质量。

（3）劳动力的市场化发育程度

劳动力市场化程度越高，越有利于劳动力自由进入市场及市场工资率导向的劳动力合理流动，从而消除人为因素对劳动力流动的限制，增强人力资源供给预测的客观性和准确性。

（4）政府的政策和法规

政府的政策和法规是影响外部人力资源供给的一个不可忽视的因素，如关于公平就业机会的法规、保护残疾人就业的法规、严禁童工就业的法规、教育制度变革等。

2. 外部人力资源供给预测的方法

（1）文献法

文献法是指根据国家的统计数据或有关权威机构的统计资料进行分析的方法。通过国家和地区的统计部门、劳动人事部门出版的年鉴、发布的报告，以及利用互联网来获得这些数据或资料。同时，还应及时关注国家和地区的有关法律、政策的变化情况。

（2）市场调查法

根据自身所关注的人力资源状况直接进行调查。也可以与猎头公司、人才中介公司等专门机构建立长期的联系，还可以与相关院校建立合作关系，跟踪目标生源的情况等。

（3）对应聘人员进行分析

通过对应聘人员和已雇用的人员进行分析得到未来外部人力资源供给的相关

信息。

三、人力资源供需平衡

组织人力资源需求与人力资源供给相等时，称为人力资源供需平衡；若两者不等时，称为人力资源供需不平衡。人力资源供需不平衡存在三种情况：人力资源供大于求，出现预期人力资源过剩的情况；人力资源供小于求，出现预期人力资源短缺的情况；人力资源供需数量平衡、结构不平衡的情况。人力资源供需之间三种不平衡的情况，都会带来相应的问题。例如，当人力资源供大于求时，会导致人浮于事，内耗严重，生产成本上升而工作效率下降；当人力资源供小于求时，设备闲置，固定资产利用率低。这些问题都会影响战略目标的实现，削弱竞争优势，最终影响到持续发展。人力资源供需平衡就是根据人力资源供需之间可能出现的缺口，采取相应的人力资源政策措施，实现未来的人力资源供需之间的平衡。

（一）预期人力资源短缺时的政策

1. 外部的招聘

外部招聘是最常用的人力资源调整方法。当人力资源总量缺乏时，采用此种方法比较有效。根据组织的具体情况，面向社会招聘所需人员。如果需求是长期的，一般招聘一些全职员工；如果需求是暂时的，就可以招聘一些兼职员工和临时员工，以补充人力资源短缺的现象。

2. 延长工作时间

在符合国家劳动法律法规的前提下，延长员工的工作时间让员工加班，并支付相应的报酬，以应对人力资源的短期不足。延长工作时间可有效地节约福利开支，减少招聘成本，而且可以保证工作质量。但是延长工作时间只是补充短期的人力资源不足，而不能长期使用此政策；如果长期使用，就会导致员工过度劳累而增加员工的工作压力和疲劳程度，反而会降低工作效率。

3. 培训后转岗

对组织现有员工进行必要的技能培训，使之不仅能适应当前的工作，还能进行转岗或适应更高层次的工作，能够将现有的人力资源充分利用起来，以补充人力资源不足。此外，如果即将出现经营转型，向员工培训新的工作知识和工作技能，以便在转型后，保证原有的员工能够胜任新的岗位。

4. 业务外包

根据组织自身的情况，将较大范围的工作或业务承包给外部的组织去完成。通过外包，组织可以将任务交给那些更有优势的外部代理人去做，从而提高效率，减少成本，减少组织内部对人力资源的需求。

5. 技术创新

组织可以通过改进生产技术、增添新设备、调整工作方式等，以提高劳动生产率。比如，引进机器人参与生产流水线工作，可以大大降低对人力资源的需求。

预期人力资源短缺时的政策在实际的使用过程中，其解决问题的程度和可撤回的程度都会不一样。

（二）预期人力资源过剩时的政策

1. 提前退休

组织可以适当地放宽退休的年龄和条件限制，促使更多的员工提前退休。如果将退休的条件修改得足够有吸引力，会有更多的员工愿意接受提前退休。提前退休使组织减少员工比较容易，但组织也会由此背上比较重的包袱，而且退休也可能受到政府政策法规的限制。

2. 自然减员

自然减员指的是当出现员工退休、离职等情况时，对空闲的岗位不进行人员补充而达到自然减少员工的目的。这样做可以通过不紧张的气氛减少组织内部的人员供给，从而达到人力资源供求平衡。

3. 临时解雇

临时解雇指的是一部分员工暂时停止或离开工作岗位，在这段时间里不向这部分员工支付工资的行为。当经营状况改善后，被临时解雇的员工再重新回到工作岗位。如果所处的行业经济态势遭受周期性的下滑时，临时解雇是一种合理缩减人员规模的策略。

4. 裁员

裁员是一种最无奈，但最有效的方式。一般裁减那些主动希望离职的员工和工作考核绩效低下的员工。但是，要注意的是：即使在西方市场经济国家，采取这种方法也要十分谨慎。因为它不仅涉及员工本人及其家庭的利益，而且也会对整个社会产生影响。在进行裁员时，除了要遵守劳动法律法规对裁员的规定外，还要做好被裁员工离职的后续安抚工作。

5. 工作分担

工作分担指的是由两个人分担一份工作，比如一个员工周一至周三工作，另一个员工周四至周五工作。这种情况一般是由于临时性的经营状况不佳，在不裁员的情况下实行；待经营状况好转时，再恢复正常的工作状态。

6. 重新培训

当人力资源过剩时，组织员工进行重新培训，可以避免员工因为没有工作而无所事事；待经营状况好转或经营方向转变时，能够有充分的人力资源可以利用。

预期人力资源过剩时的政策在实际的使用过程中，其解决问题的程度和员工受到伤害的程度也不一样。例如，裁员比自然减员解决问题的速度要快得多，但是对员工来说，裁员带来的经济和心理方面的损害要比自然减员严重得多。

（三）预期人力资源总量平衡而结构不平衡时的政策

人力资源总量平衡而结构不平衡是指预测未来一定时期内人力资源的总需求量与总供给量基本吻合，但是存在着某些职位的人员过剩，而另一些职位的人员短缺；或者某些技能的人员过剩，而另一些技能的人员短缺等情况。对于这种形式的人力资源供求失衡，可以考虑采用以下政策和措施进行调节。

第一，通过人员的内部流动，如晋升和调任，以补充那些空缺职位，满足这部分人力资源的需求。

第二，对于过剩的普通人力资源，进行有针对性的培训，提高他们的工作技能，使他们转变为人员短缺岗位上的人才，从而补充到空缺的岗位上去。

第三，招聘和裁员并举，补充急需的人力资源，释放一些过剩的人力资源。

第三节 人力资源规划的执行与控制

一、人力资源规划的执行

在人力资源规划过程中制定的各项政策和方案，最终都要付诸实施，以指导具体的人力资源管理实践，这才是完整的人力资源规划职能。

（一）规划任务的落实

人力资源规划的实施成功与否取决于组织全体部门和员工参与的积极性。因此，通过规划目标和方案的分解与细化，可以使每个部门和员工明确自己在规划运行过程中的地位、任务和责任，从而争取每个部门和员工的支持，使规划任务顺利实施。

1. 分解人力资源规划的阶段性任务

通过设定中长期目标，人力资源规划目标具体到每一阶段、每一年应该完成的任务，并且必须定期形成执行过程进展情况报告，以确保所有的方案都能够在既定的时间内执行，也使规划容易实现，有利于规划在实施过程中的监督、控制和检查。

2. 人力资源规划任务分解到责任人

人力资源规划的各项任务必须有具体的人来实施，使每一个部门和员工都能够了解本部门在人力资源规划中所处的地位、所承担的角色，从而积极主动地配合人力资源管理部门。现代人力资源管理工作不仅是人力资源管理部门的任务，也是各部门经理的责任，人力资源规划也是如此。人力资源规划应有具体的部门或团队负责，可以考虑以下三种方式。

第一，由人力资源部门负责办理，其他部门与之配合。

第二，由某个具有部分人事职能的部门与人力资源部门协同负责。

第三，由各部门选出代表组成跨职能团队负责。

在人力资源规划执行过程中，各部门必须通力合作，而不是仅靠负责规划的部门推动。人力资源规划同样也是各级管理者的责任。

（二）资源的优化配置

人力资源规划的顺利实施，必须确保组织人员（培训人员和被培训人员）、财力（培训费用、培训人员脱岗培训时对生产的影响）、物力（培训设备、培训场地）发挥最大效益。这就必须对不同的人力资源进行合理配置，从而促进资源的开发利用，并通过规划的实施使资源能够优化配置，提高资源的使用效率。

二、人力资源规划实施的控制

为了能够及时应对人力资源规划实施过程中出现的问题，确保人力资源规划能够正确实施，有效地避免潜在劳动力短缺或劳动力过剩，需要有序地按照规划实施，控制进程。

（一）确定控制目标

为了能对规划实施过程进行有效控制，首先需要确定控制的目标。设定控制目标时要注意：控制目标既能反映组织总体发展战略目标，又能与人力资源规划目标对接，反映组织人力资源规划实施的实际效果。在确定人力资源规划控制目标时，应该注意控制一个体系，通常由总目标、分目标和具体目标组成。

（二）制定控制标准

控制标准是一个完整的体系，包含定性控制标准和定量控制标准两种。定性控制标准必须与规划目标相一致，能够进行总体评价，如人力资源的工作条件、生活待遇、培训机会、对组织战略发展的支持程度等；定量控制标准应该能够计量和比较，如人力资源的发展规模、结构、速度等。

（三）建立控制体系

有效地实施人力资源规划控制，必须有一个完整的，可以及时反馈、准确评价和及时纠正的体系。该体系能够从规划实施的具体部门和个人那里获得规划实施情况的信息，并迅速传递到规划实施管理控制部门。

（四）衡量评价实施成果

该阶段的主要任务是将处理结果与控制标准进行衡量评价，解决问题的方式主要有：一是提出完善现有规划的条件，使规划目标得以实现；二是对规划方案进行修正。当实施结果与控制标准一致时，无须采取纠正措施；实施结果超过控制标准时，提前完成人力资源规划的任务，应该采取措施防止人力资源浪费现象的发生；当实施结果低于控制标准时，需要及时采取措施进行纠正。

（五）采取调整措施

在对规划的实施结果进行衡量、评价时，如果发现结果与控制标准有偏差，就需要采取措施进行纠正。该阶段的主要工作是找出引发规划问题的原因，如规划实施的条件不够、实施规划的资源配置不力等，然后根据实际情况做出相应的调整。

三、人力资源信息系统的建立

人力资源规划作为一项分析与预测工作，需要大量的信息支持。有效的信息收集和处理，会大大提高人力资源规划的质量和效率。因此，进行人力资源信息管理工作具有重要的意义。

（一）人力资源信息系统概述

1. 人力资源信息系统的概念

人力资源信息系统是进行有关员工的基本信息及工作方面的信息收集、保存、整理、分析和报告的工作系统，为人力资源管理决策的制定和实施服务。人力资源信息系统对于人力资源规划的制订是非常重要的，而且人力资源规划的执行同样离不开人力资源信息系统。

随着人力资源管理工作的日益复杂，人力资源信息系统涉及的范围越来越广，信息量也越来越大，并与经营管理其他方面的信息管理工作相联系，成为一个结构复杂的管理系统。人力资源信息系统主要有两个目标：第一个目标是通过对人力资源信息的收集和整理提高人力资源管理的效率；第二个目标是有利于人力资源规划。人力资源信息系统可以为人力资源规划和管理决策提供大量的相关信息，而不是仅依靠管理人员的经验和直觉。

2．人力资源信息系统的内容

（1）完备的组织内部人力资源数据库

其中，包括经营战略、经营目标、常规经营信息，以及组织现有人力资源的信息。根据这些内容可以确定人力资源规划的框架。

（2）外部的人力资源供求信息和影响这些信息的变化因素

例如，外部劳动力市场的行情和发展趋势、各类资格考试的变化信息、政府对劳动用工制度的政策和法规等，这些信息的记录有利于分析外部的人力资源供给。

（3）相关的软硬件设施

这包括专业的技术管理人员、若干适合人力资源管理的软件和计量模型、高效的计算机系统和相关的网络设施等。这些是现代化的人力资源信息系统的物质基础。

3．人力资源信息系统的功能

（1）为人力资源规划建立人力资源档案

利用人力资源信息系统的统计分析功能，组织能够及时、准确地掌握组织内部员工的相关信息，如员工数量和质量、员工结构、人工成本、培训支出及员工离职率等，确保员工数据信息的真实性，从而有利于更科学地开发与管理组织人力资源。

（2）通过人力资源档案制定人力资源政策和进行人力资源管理的决策

结合人力资源档案信息内容，综合分析确定晋升人选，对特殊项目工作进行分配、调动、培训，以及制订工资奖励计划、职业生涯规划和组织结构等。

（3）达到组织与员工之间建立无缝协作关系的目的

以信息技术为平台的人力资源信息系统，更着眼于实现组织员工关系管理的自动化和协调化。该系统使组织各层级、各部门间的信息交流更为直接、及时、有效。

（二）人力资源信息系统建立

1．对系统进行全面的规划

首先，要使全体员工对人力资源信息系统的概念有一个充分的了解，保证人力资源管理部门对人力资源管理流程有一个清晰、完整的把握；其次，考虑人事资料的设计和处理方案；最后，做好系统开发的进度安排，建立完备的责任制度和规范条例等。

2. 系统的设计

人力资源信息系统的设计包括：①分析现有的记录、表格和报告，明确对人力资源信息系统中数据的要求；②确定最终的数据库内容和编排结构；③说明用于产生和更新数据的文件保存与计算过程；④规定人事报告的要求和格式；⑤决定人力资源信息系统技术档案的结构、形式和内容；⑥提出员工工资福利表的形式和内容要求；⑦确定其他系统与人力资源信息系统的接口要求。需要单独强调的是：在进行人力资源信息系统设计时，必须考虑经营发展对系统的可扩展性和可修改性的要求。

3. 系统的实施

系统的实施主要从以下五方面进行：①考察目前及以后系统的使用环境，找出潜在的问题；②检查计算机硬件结构和影响系统设计的软件约束条件；③确定输入/输出条件要求、运行次数和处理量；④提供有关实际处理量、对操作过程的要求、使用者的教育状况及所需设施的资料；⑤设计数据输入文件、事务处理程序和对人力资源信息系统的输入控制。

4. 系统的评价

从以下四个方面对人力资源信息系统进行评价估计：①改进人力资源管理的成本；②各部门对信息资料要求的满足程度；③对与人力资源信息系统有关的组织问题提出建议的情况；④机密资料安全保护的状况。

第三章 人力资源管理职能的战略转型与优化

第一节 人力资源管理职能的战略转型相关研究

一、人力资源管理职能的战略转型

(一) 以战略和客户为导向的人力资源管理

近年来，随着经济全球化步伐的加快，经营环境日趋复杂化，技术进步尤其是网络和信息技术突飞猛进，员工队伍、社会价值观及组织所处的内外部环境都发生了很大变化。在这种情况下，出现了很多关于人力资源管理职能的变革，如人力资源管理应当从关注运营向关注战略转变；从关注短期向关注长期转变；从行政管理者向咨询顾问转变；从以职能管理为中心向以经营为中心转变；从关注内部向关注外部和客户转变；从被动反应向主动出击转变；从以完成活动为中心向以提供解决方案为中心转变；从集中决策向分散决策转变；从定性管理向定量管理转变；从传统方法向非传统方法转变；从狭窄视野向广阔视野转变；等等。

毋庸置疑，上述想法都有一定道理，但必须强调的一点是，人力资源管理职能的战略转变并不意味着人力资源管理彻底抛弃过去所做的一切，相反，现代人力资源管理职能必须在传统和现代之间找到一个适当的平衡点，只有这样才能为组织的经营和战略目标的达成提供附加价值，帮助组织在日益复杂的环境中获得竞争优势。

人力资源管理在一个组织的战略制定及执行过程中起着非常重要的作用，它不仅被运用于组织制定战略的过程中，而且要负责通过制订和调整人力资源管理方案与计划来帮助组织制定的战略被贯彻和执行。然而，人力资源管理职能部门要想在组织中扮演好战略性的角色，就必须对传统的人力资源管理职能进行重新定位；同时，要围绕新的定位来调整本部门的工作重点及在不同工作活动中所花费的时间。

如果想把人力资源管理定位为一种战略性职能，就必须把人力资源部门当成一个独立的经营单位，它具有自己的服务对象，即内部客户和外部客户。为了向各种内部客户提供有效的服务，这个经营单位需要做好自己的战略管理工作，在组织层面进行的战略规划设计过程，同样也可以在人力资源管理职能的内部进行。近年来，在人力资源管理领域中出现了一个与全面质量管理哲学一脉相承的新趋势，那就是人力资源部门应当采取一种以客户为导向的方法来履行各种人力资源管理职能，即人力资源管理者应把人力资源管理职能当成一个战略性的业务单位，从而根据客户基础、客户需要及满足客户需要的技术等，来重新界定自己的业务。

以客户为导向，是人力资源管理在试图向战略性职能转变时，所发生的一个最为重要的变化。这种变化的第一步就是要确认谁是自己的客户。需要得到人力资源服务的直线管理人员，显然是人力资源部门的客户；组织的战略规划团队，也是人力资源部门的客户，因为这个小组也需要在与人有关的业务方面得到确认、分析，并且获得建议；此外，员工也是人力资源管理部门的客户，他们与组织确立雇佣关系后，获得的报酬、绩效评价结果、培训开发计划及入离职手续的办理等，都是由人力资源部门来管理的。

第二步是确认人力资源部门的产品有哪些。直线管理人员希望录取到忠诚、积极、高效且具有献身精神的高质量员工；战略规划团队不仅需要在战略规划过程中获得各种信息和建议，而且需要在战略执行过程中得到诸多人力资源管理方面的支持；员工则期望得到一套具有连续性、充足性及公平性特征的薪酬福利方案，同时还希望能够得到公平的晋升及长期的职业生涯发展机会。

最后一步是，人力资源部门要清楚，自己应通过哪些技术来满足这些客户的需求。不同的客户，需求是不同的，因此，运用的技术也应该不同。人力资源部门建立的甄选系统，必须能够确保所有被挑选出来的求职者都具有为组织带来价值增值所必需的知识、技术和能力。如培训和开发系统需要能够通过为员工提供发展机会，来确保他们不断增加个人的人力资本储备，为组织获取更高的价值，从而最终满足直线管理人员和员工双方的需求。绩效管理系统需要向员工表明，组织对他们的期望是什么，它还要向直线管理人员和战略制定者保证，员工的行为将与组织的目标保持一致。此外，报酬系统需要为所有的客户（直线管理人员、战略规划人员及员工）带来收益。总之，这些管理系统必须向直线管理人员保证，员工将运用他们的知识和技能服务于组织的利益；同时，它们还必须为战略规划人员提供相应的措施，以确保所有的员工都采取对组织的战略规划有利的行为。最后，报酬系统还必须为员工所做的技能投资及其所付出的努力提供等价的报酬。

人力资源管理部门的客户，除了组织的战略规划人员、直线经理及员工外，还有另外一类非常重要的客户，即外部求职者。在当前人才竞争日益激烈的环境中，人力资源部门在招募、甄选人才的过程中表现出的专业精神、整体素质、组织形象等，不仅直接关系到组织是否有能力雇用到高素质的优秀员工，而且对组织的雇主品牌塑造、在外部劳动力市场上的形象都有重要的影响。因此，人力资源部门同样应当关注这些外部客户，设法满足他们的各种合理需求。

（二）人力资源管理职能的工作重心调整

从理想的角度来说，人力资源管理职能在所有涉及人力资源管理的活动中，都应该非常出色，但是在实践中，由于面临时间、经费及人员等方面的资源约束，人力资源管理职能想要同时有效地承担所有工作活动，往往是不可能的。于是，人力资源部门就必须进行这样一种战略思考，即应当将现有的资源分配到哪里及如何进行分配，才最有利于组织的价值最大化。

对人力资源管理活动进行类别划分的方法之一，是将其归纳为变革性活动、传统性活动和事务性活动。变革性活动主要包括知识管理、战略调整和战略更新、文化变革、管理技能开发等战略性人力资源管理活动；传统性活动主要包括招募和甄选、培训、绩效管理、薪酬管理、员工关系管理等传统的人力资源管理活动；事务性活动主要包括福利管理、人事记录、员工服务等日常性事务活动。

这三类活动耗费人力资源专业人员的时间比重大体上分别为 5%～15%、15%～30% 和 65%～75%。显然，大多数人力资源管理者把大部分时间花在了日常的事务性活动上，在传统性人力资源管理活动上花费的时间相对较少，在变革性人力资源管理活动上所花费的时间更是少得可怜。事务性活动的战略价值较低；传统性人力资源管理活动，尽管构成了确保战略得到贯彻执行的各种人力资源管理实践和制度，也只具有中度的战略价值；而变革性人力资源管理活动，则由于能够帮助组织培育长期发展潜力，提高适应性，而具有最高的战略价值。由此可见，人力资源管理者在时间分配方面显然存在问题。他们应当尽量减少在事务性活动和传统性活动上花费的时间，将时间更多地用于具有战略价值的变革性活动。如果人力资源专业人员在这三种活动上的时间分配能够调整到 25% ~ 35%、25%~35%和 15%~25%，即增加他们在传统性尤其是变革性人力资源管理活动方面花费的时间，那么人力资源管理职能的有效性必能得到大幅提高，可以增加更多的附加价值。

然而，压缩人力资源管理职能在事务性活动上所占用的时间，并不意味着人力资源部门不再履行事务性人力资源管理活动；相反，人力资源部门必须继续履行这些职能，只不过可以通过一种更为高效的方式来完成这些活动。

二、人力资源专业人员的角色与胜任素质

（一）人力资源专业人员扮演的角色

在人力资源管理职能面临更高要求的情况下，人力资源专业人员及人力资源部门，应如何帮助组织赢得竞争优势，以及实现组织的战略目标呢？人力资源管理者及人力资源部门，在组织中应当扮演好哪些角色呢？

在人力资源管理者及人力资源管理部门所扮演的角色方面，美国密歇根大学的戴维·乌尔里奇（David Ulrich）教授提出了一个简明分析框架。乌尔里奇认为，一个组织的人力资源部门所扮演的角色和职责主要反映在两个维度上：一是人力资源管理工作的关注点是什么；二是人力资源管理的主要活动内容是什么。从关注点来说，人力资源管理既要关注长期的战略层面的问题，同时也要关注短期的日常操作层面的问题。从人力资源管理活动的内容来说，人力资源管理既要做好对过程的管理，同时也要做好对人的管理。基于这两个维度，产生了人力资源管理需要扮演的四种角色，即战略伙伴、行政专家、员工支持者及变革推动者。

1. 战略伙伴

这一角色的主要功能是对战略性的人力资源进行管理。也就是说，人力资源管理者需要识别能够促成组织战略实现的人力资源及其行为和动机，要将组织确定的战略转化为有效的人力资源战略和相应的人力资源管理实践，从而确保组织战略的执行和实现。人力资源管理者通过扮演战略伙伴的角色，能够把组织的人力资源战略和实践，与组织的经营战略结合起来，从而提高组织实施战略的能力。

2. 行政专家

这一角色的主要功能是对组织的各种基础管理制度进行管理，要求人力资源管理者能够通过制定有效的流程，来管理好组织内部的人员配置、培训、评价、报酬、晋升及其他事务。尽管人力资源管理职能向战略方向转变的趋势在加强，但是人力资源管理这些传统的角色，对于成功经营一个组织来说，仍然是不可或缺的。作为组织的基础管理责任人，人力资源管理者必须能够确保这些组织流程的设计和实施的高效率。实现这一目标有两条途径：一是通过重新思考价值创造过程，调整和优化组织的人力资源管理制度、流程以及管理实践，从而提高效率；二是通过雇用、培训和回报，帮助组织提高生产率、降低成本，从而提升组织的总体效率。在人力资源管理流程再造的过程中，很多组织都采用了共享人力资源服务中心的新型人力资源部门结构设计。

3. 员工支持者

这一角色的主要功能是对员工的贡献进行管理，即将员工的贡献与组织经营的成功联系在一起。人力资源管理专业人员可以通过两条途径确保员工的贡献转化为组织经营的成功：一是确保员工具有完成工作所需要的能力；二是确保他们有勤奋工作的动机及对组织的信任。为了扮演好员工支持者的角色，人力资源部门及其工作者必须主动倾听员工的想法，了解他们在日常工作中遇到的问题、他们关注的事情，以及他们的需求。人力资源部门不仅自己要扮演好员工的倾听者和激励者的角色，而且要通过培训、说服及制度引导的方式，确保员工的直接上级也能够了解员工的想法及他们的意见和建议，只有这样，才能真正建立员工和组织之间的心理契约，积极主动地开发人力资源，把员工的贡献和组织经营的成功真正联系到一起。

4. 变革推动者

这一角色的主要功能是对组织的转型和变革过程进行管理。转型意味着一个组织要在内部进行根本性的文化变革。在组织变革的过程中，人力资源专业人员要帮助组织确认并实施变革计划，其中可能涉及的活动主要包括：找出并界定问题、建立信任关系、解决问题、制订并实施变革计划等。在当今这个急剧变化的竞争环境中，人力资源管理者必须确保组织拥有能够持续不断进行变革的能力，并且帮助组织确定是否有必要进行变革及对变革的过程进行管理。变革推动者的角色，还要求人力资源专业人员在尊重组织历史文化的基础上，帮助员工顺利地接受和适应新文化。能否扮演好变革推动者的角色，可能是决定一个组织的人力资源管理工作是否能够取得成功的最为重要的因素。

此外，国际公共部门人力资源管理学会也提出了一个模型，来阐明人力资源管理者在公共部门中所应当扮演的四大角色，即人力资源专家、变革推动者、经营伙伴以及领导者。其中，人力资源专家的角色，强调人力资源专业人员应当做好传统的人力资源管理中的各项专业技术工作；变革推动者的角色，强调人力资源专业人员一方面要帮助直线管理人员应对变革，另一方面要在人力资源管理职能领域内部进行有效的变革；经营伙伴的角色，强调人力资源专业人员不仅要告诉直线管理人员不能做什么，更重要的是要向他们提供有助于他们解决组织绩效难题的有效建议，参与组织的战略规划，围绕组织的使命和战略目标来帮助组织达成目的；领导者的角色，实际上强调了人力资源专业人员一方面必须对功绩制原则及其他道德伦理要保持高度的敏感，另一方面也要平衡好员工的满意度、福利与组织的要求及目标之间的关系。

（二）人力资源专业人员的胜任素质模型

与人力资源管理专业人员及其在部门所扮演的角色高度相关的一个问题是：人力资源管理的专业人员需要具备怎样的能力，才能达到组织对人力资源管理工作所提出的战略要求。对此，很多学者和机构都进行了研究。下面主要介绍三种观点：第一种是美国密歇根大学教授戴维·乌尔里奇（David Ulrich）的研究结果；第二种是美国人力资源专家雷蒙德·诺伊（Raymond Noy）等人的观点；第三种是国际公共部门人力资源管理学会提出的人力资源专业人员胜任素质模型。

1. 戴维·乌尔里奇等人关于人力资源专业人员胜任素质模型的研究

在人力资源专业人员胜任素质模型研究方面，美国密歇根大学教授戴维·乌尔里奇（David Ulrich）和韦恩·布鲁克班克（Wayne Brookbank）所领导的研究具有非常大的影响力。乌尔里奇等人主持的研究始于1988年，至今一共进行了5轮，后续的4轮研究分别完成于1992年、1997年、2002年及2007年。这项研究的目的是发现人力资源管理专业人员需要具备的胜任素质，同时追踪人力资源管理领域的最新发展趋势，从而帮助人力资源管理者及其所在部门了解如何使自己为组织创造更多的价值。

在近20年的时间里，该项研究累计调查了4万名人力资源管理专业人员及直线管理人员。前三轮调查的数据主要在美国收集，从2002年开始，数据的收集范围扩大到了包括北美、拉美、亚洲、欧洲在内的全球四大洲。在1988年和1992年的调查中，研究小组一共发现了三大类胜任素质，即经营知识、人力资源管理职能履行能力及变革管理能力。到1997年，又增加了两大类胜任素质，即文化管理能力和个人可信度。2002年确立的模型，包括五大类胜任素质，即战略贡献能力、个人可信度、经营知识、人力资源服务能力及人力资源技术运用能力。这五大类胜任素质分别如下：

第一，战略贡献能力，是指人力资源管理者必须能够管理文化，为快速变革提供便利条件，参与战略决策。同时，它还要求人力资源专业人员必须能够创造"市场驱动的连通性"，不仅要关注"内部客户"，同时还要密切关注组织的"外部客户"。在人力资源专业人员对于组织的经营业绩所做的贡献中，战略贡献能力占43%，几乎是其他胜任素质的2倍。

第二，个人可信度，是指人力资源专业人员，在人力资源同事及作为本人服务对象的直线管理人员心目中，是值得信赖的。在这方面，人力资源专业人员不仅需要与本业务领域内外的关键人物建立有效的关系，而且要建立起可靠的追踪记录。此外，他们还必须掌握有效的书面和口头沟通技巧。

第三，人力资源服务能力，包括人员配置能力、开发能力、组织结构建设能力和绩效管理能力。其中，配置能力要求人力资源专业人员必须有能力吸引、保留、晋升员工，以及在必要时将某些员工安排到组织的外部。开发能力，主要是指他们能够设计开发方案、提供职业规划服务，以及为内部沟通过程提供便利的能力。这里的开发对象，既包括员工，也包括组织。组织结构建设能力，则是指能够重组组织流程、衡量人力资源管理实践对组织的影响，以及处理人力资源管理实践的全球化问题的能力。

第四，经营知识，是指人力资源专业人员对于组织所处的业务领域及行业的理解程度，最关键的知识领域包括对组织整体价值链（组织是如何进行横向整合的）和组织价值主张（组织是如何创造财富的）的理解。

第五，人力资源技术运用能力，则是指人力资源专业人员，在人力资源管理领域中运用各种技术的能力，以及利用电子化和网络手段，向客户提供价值服务的能力。这是因为在工作中，技术已成为提供人力资源服务的重要载体。

乌尔里奇等学者 2007 年公布的调查结果，覆盖的范围包括北美、拉美、欧洲各国，以及中国、印度和澳大利亚，发现了三个与人口结构有关的趋势。其一，人力资源领域中的女性工作者的占比在上升。1988 年，仅有 23% 的被调查者为女性；到 2007 年，这一比例已经上升到了 54%。其二，很多人是从其他领域进入人力资源领域的，很多人的工作年限要长于他们在人力资源领域中的工作年限。其三，在中国的人力资源专业人员中，有大量的新进入者，60% 的被调查者在人力资源领域中的工作时间不足 5 年。

此次调查表明，人力资源专业人员必须具备与人打交道和与业务打交道两个方面的胜任素质。一个只强调人，而忽略业务的人力资源专业人员，可能会受到别人的喜欢和拥护，但是不会获得成功，这是因为他所做的工作并不能推动业务目标的实现。如果一个人力资源专业人员只关注业务，而对人的因素不够敏感，也不会取得成功，这是因为尽管他能够确保业务在短期内做得很好，但是人们不会喜欢和拥护他。基于人和业务两个维度，新的人力资源胜任素质模型主要包括可靠的行动者、文化和变革统管者、人才管理者/组织设计者、战略构建者、运营执行者、业务支持者六大类。这些胜任素质所要解决的，分别是关系、流程和组织能力三个层面的问题。新模型特别强调：人力资源的胜任素质不仅是指知识，还有运用这些知识的能力，即知道应当如何去做。

第一，可靠的行动者。它是指人力资源专业人员不仅要可靠（即能够赢得别人的尊重、赞赏，别人愿意倾听他们的意见），而且必须是积极的行动者（即提供意见和观点、表明立场、挑战假设）。可靠但不能采取行动的人力资源专业人员，虽然会得到别人的赞赏，但是不能形成影响力；而那些积极采取行动，但是并不可靠的人力资源专业人员，没有人会听他们的话。在这方面，人力资源专业人员需要以诚信的方式达到目的，分享信息，建立信任关系，以某种姿态（承受适度的风险、提供坦诚的评论、影响他人等）来完成人力资源工作。

第二，文化和变革统管者。它是指人力资源专业人员必须认识到并展现组织文化的重要性，同时帮助组织形成自己的组织文化。文化是一整套活动，而不是单个的事件。在理想状态下，文化首先应当从澄清组织外部客户的期望（组织的身份或品牌）入手，然后将这些期望转化为内部员工以及整个组织的行为。作为文化的统筹管理者，人力资源专业人员应当尊重组织过去的文化，同时帮助组织塑造新的文化。此外，成功的人力资源专业人员应能够通过两种途径为组织变革提供便利条件：一是帮助组织形成文化；二是制定一系列的规章制度来推动变革在整个组织中发生。或者说，他们帮助组织将大家已经明白的事情，转化为大家的实际行动。在这方面，人力资源专业人员需要为变革提供便利、构建文化、重视文化的价值、实现文化的个人化（帮助员工找到工作的意义、管理工作和生活的平衡、鼓励创新等）。

第三，人才管理/组织设计者。它是指人力资源专业人员必须掌握人才管理和组织设计方面的相关理论、研究成果及管理实践。人才管理者关注的，是胜任素质要求，以及员工是如何进入一个组织、在组织内晋升、跨部门调动或者离开组织的。组织设计者关注的，则是一个组织是如何将各种能力（比如合作能力）嵌入到决定组织运行的结构、流程及政策的。人力资源管理既不是仅关注人才，也不是仅关注组织，而是同时关注两者。一个组织在缺乏支持的情况下，是无法长期留住优秀人才的；一个组织如果缺乏具备扮演关键角色所需的胜任素质的人才，则无法达成预期目标。人力资源专业人员需要保证组织当前及未来的人才需要，开发人才，构造组织，促进沟通，设计组织的报酬体系等。

第四，战略构建者。它是指人力资源专业人员对于组织未来获得成功的方式，应当有一个清晰的愿景，并且当组织在制定实现这一愿景的战略时，应扮演积极的角色。这就意味着，人力资源专业人员必须能够认清业务发展的趋势，以及它们可能对业务产生的影响，预见到组织在取得成功的过程中可能会遇到的潜在障碍；同时，要在组织制定战略的过程中，提供各种便利条件。此外，人力资源专业人员还应当能够通过将内部组织和外部客户的期望相联系的方式，为组织总体战略的制定贡献自己的力量。在这方面，人力资源专业人员需要保持战略灵活性，同时积极关注客户。

第五，运营者。它是指人力资源专业人员还应当承担在管理人和组织时，需要完成的操作方面的事务。他们需要起草、修订及实施各种政策。此外，员工也会产生很多行政管理方面的需要（比如领取薪酬、工作调动、雇佣手续办理、得到培训等）。人力资源专业人员必须通过技术、共享服务及外包等手段，来确保员工的这些基本需要得到满足。如果人力资源专业人员能够无缺陷地完成这些操作性工作，并且保持政策应用的一致性，人力资源的操作性工作就会变得可靠。在这方面，人力资源专业人员应当执行工作场所的各种政策，同时推动与人力资源管理有关的各项技术进步。

第六，业务支持者。它是指人力资源专业人员要制订能够对组织外部的机会和威胁做出反应的方案，保证组织的经营取得成功。人力资源专业人员需要通过了解组织开展业务的社会背景或环境，为组织经营的成功做出贡献，他们还应当知道组织是怎样赚钱的，即价值链：谁是公司的客户？他们为什么要购买公司的产品或服务？最后，他们还必须深刻理解组织经营中的各个方面（比如财务、市场、研发及工程技术等），知道自己应当完成哪些工作任务，应该怎样协同完成工作，从而帮助组织盈利。在这方面，人力资源专业人员需要服务于价值链，解释组织所处的社会背景，明确组织的价值主张，以及充分发挥各种业务技术的作用。

2. 雷蒙德·诺伊等人关于人力资源专业人员胜任素质模型的研究

美国人力资源管理学者雷蒙德·诺伊（Raymond Noy）等人，也提出了包括人际关系能力、决策能力、领导能力及技术能力在内的人力资源专业人员胜任素质模型。

（1）人际关系能力

人际关系能力，是指理解他人并与他人协调合作的能力。这种能力，对于今天的人力资源管理工作者来说，十分重要。人力资源管理工作者需要了解，在帮助组织赢得竞争优势时，组织成员扮演的角色，同时还要了解组织的哪些政策、项目及管理实践，能够帮助员工扮演好所需扮演的角色。此外，今天的人力资源专业人员，还必须熟练掌握沟通、谈判及团队开发方面的技能。

（2）决策能力

人力资源管理者需要做出各种类型的决策，这些决策不仅会影响到员工能否胜任工作，以及能否得到充分的激励，还会影响到组织能否高效运营。在那些要求人力资源部门扮演战略支持角色的组织中，要求人力资源决策者能够在战略问题上运用自己的决策能力。这就要求人力资源决策者，必须拥有组织经营和业务方面的知识，同时还要有能力通过成本－收益分析，为组织提供各种可行性的选择。最后，在进行人力资源决策时，人力资源专业人员还必须考虑到各种可供选择的方案所体现的社会含义和伦理道德含义。

（3）领导能力

人力资源管理者在处理涉及组织的人力资源问题时，需要扮演领导者的角色。人力资源专业人员要想帮助组织管理好变革过程，就必须具有一定的领导力。这就需要人力资源管理者要做好诊断问题、实施组织变革、评价变革结果的工作。由于变革往往会带来冲突、抵制及思想混乱，人力资源专业人员必须有能力对整个变革过程进行监控，能够提供各种方法来帮助组织克服变革过程中所遇到的障碍，指导员工如何在新的条件下完成工作，同时激发员工的创造力。

（4）技术能力

这里的技术能力，是指人力资源管理领域中的专业技能，即人力资源专业人员需要掌握的人员配备，人力资源开发、报酬、组织设计等方面的知识。新的甄选技术、绩效评价方法、各种培训项目及激励计划不断涌现，并且大多需要运用新的软件和计算机系统。此外，每年都会有新的法律出台，这就需要人力资源专业人员掌握这些法律知识，这也是技术能力方面的要求。人力资源专业人员需要根据人力资源管理的基本原则和组织价值要求，对这些新技术进行认真细致的评价，以判断哪些技术对组织是有价值的。

3. 国际公共部门人力资源管理学会关于人力资源专业人员胜任素质模型的研究

国际公共部门人力资源管理学会提出的公共部门人力资源专业人员胜任素质模型一共包括22项，这些胜任素质与公共部门人力资源管理者所扮演的四种重要角色，即变革推动者、经营伙伴、领导者及人力资源专家之间的关系对应。其中，人力资源专家角色所对应的能力只有一项，即通晓人力资源管理方面的各项法律和政策。这些胜任素质的基本定义如下：

（1）理解公共服务环境的能力

能够跟踪可能会影响组织及其人力资源管理的各项政治和法律活动；理解通过政治过程产生的法律、法令及法规的内容和文字，确保组织的执行过程与法律和政治变革所要达成的目标保持一致。

（2）知晓组织使命的能力

能够理解组织存在的目的，包括其法律地位、客户、提供的产品或服务，以及组织使命达成情况的衡量指标；能够在各项人力资源管理活动和使命的成功达成之间建立必要的联系；跟踪、了解可能会在未来对组织使命产生影响的各种因素。

（3）理解业务流程的能力

能从更大的组织经营角度，理解人力资源管理计划所要承担的职责；能够认识到变革的必要性，并且通过实施变革来提高组织的效率和有效性。

（4）理解团队行为的能力

能够运用团队行为方面的知识，帮助组织达成长期和短期的目标；同时，注意跟踪了解能够运用于组织的各种最新的人员激励方法和团队工作方法。

（5）设计和实施变革的能力

能够意识到变革的潜在利益，并且能够创造支持变革的基本条件；对新的思想保持灵活性和开放性，鼓励其他人认可变革的价值。

（6）良好的沟通能力

能够清晰且具有说服力地表达思想及交换信息；能够基于组织的经营结果和目标，而不是人力资源管理的技术术语来进行交流；能够与组织各个层级的人员进行有效沟通。

（7）创新能力及风险承担能力

具备超常规思考的能力，以及在使命需要的情况下，创造和表达超出现有政策范围的新方法的能力。

（8）评价和平衡具有竞争性的价值观的能力

根据组织使命的要求，持续对当前和未来需要完成的各项工作进行评估，管理各种相互竞争的工作和各项工作任务安排；与高层管理者保持紧密联系，以确保理解组织使命要求优先完成的各项任务；向关键客户解释工作重点和优先顺序，以确保他们能够理解工作重点和有限顺序的决策过程。

(9) 运用各项组织开发原则的能力

随时了解能够用于改进组织绩效的各种社会科学知识，以及人类行为战略；制定有助于促进组织内部学习的战略；通过提供更多的建议，为员工个人的成长创造更多的机会。

(10) 理解经营系统思维的能力

在人力资源管理的工作过程中，能够运用整体性的系统思维方式；在向各类客户提供建议和解决方案时，确保考虑到各种内部和外部的环境因素。

(11) 将信息技术运用于人力资源管理领域的能力

关注和了解对改善组织人力资源管理的效率与有效性存在潜在价值的已有技术或新技术；能够在适当的时候，提出在组织中采用新的人力资源信息技术的建议。

(12) 理解客户和组织文化的能力

对客户组织的特点进行研究，以确保自己提出的帮助和咨询建议是恰当的；时刻关注文化差异，确保所提供的服务是符合客户文化要求的。

(13) 良好的分析能力

对不同来源的数据和信息进行多重分析，并且得出符合逻辑的结论；能够认识到可以获得的数据和需要的数据之间存在的差距，提出其他获得所需数据的途径。

(14) 通晓人力资源管理法律和政策的能力

跟踪、了解影响人力资源管理计划的各种法律法规；能够关注和运用这些法律法规的内容，来帮助组织管理人力资源。

(15) 咨询和谈判能力（含争议解决能力）

采取行动解决问题或协助解决问题；了解各种解决问题的技术，并且能够运用这些技术或建议。

(16) 形成共识和建立联盟的能力

运用形成共识的能力，在个人或群体之间达成合作；客观总结反对的观点；综合各种观点，达成一个共同立场或一份协议；通过展现事实和说服力，与管理者就分歧达成妥协；在意见出现分歧时，拿出一个替代性的方案；当正在采取的行动与法律要求或高层的政策要求不一致时，知道应当在何时及如何将问题提交给更高级别的直线管理者；当一件事情关乎组织的使命或声誉的时候，能够坚持自己正确的立场。

（17）建立信任关系的能力

诚实正直，并且能够通过展现专业行为，来赢得客户的信任；及时、准确、完整地履行承诺；严守秘密，不滥用接触机密信息的特权。

（18）建立人力资源管理与组织使命和服务结果之间联系的能力

理解组织使命的需要及履行使命的人员需求；理解人力资源管理在组织中应扮演的角色，并调整自己的行为和工作方法，与这种角色保持一致。

（19）以客户服务为导向的能力

紧随组织氛围和使命所发生的变化，对客户的需求和关注点保持高度敏感；对客户需求、客户提出的问题及关注的问题，及时、准确地做出反应。

（20）重视和促进多元化的能力。

能够理解一支多元化的员工队伍对于组织的潜在贡献；能够意识到人力资源管理流程对于组织多元化的潜在影响，确保多元化的需要能够得到重视。

（21）践行并推动诚实等道德行为的能力

以一种展现出对别人的信任，且能够获得他人信任的方式，来采取行动；公平、礼貌、有效地对客户的需求做出反应，无论他们在组织中所处的位置和层级怎样。

（22）营销和代表能力

就为何实施某些项目，或采取某些行动，以及可能达成的有利结果等事宜，说服内部和外部客户；总结对某一个问题的正反两方面意见，说服相关各方采取最有利的行动方案；确保客户能够意识到人力资源管理角色的重要性。

第二节　人力资源管理职能的优化

一、循证人力资源管理

（一）循证人力资源管理的内涵

目前，人们已经认识到人力资源管理对于组织战略目标的实现和竞争优势的获得，具有重要战略作用。不仅是人力资源专业人员，而且组织内各级领导者和管理者，在人力资源管理方面投入的时间、精力、金钱也在逐渐增多。组织期望自己的人力资源管理政策和实践，能够帮助自己吸引、招募和甄选到合适的员工，进行科学合理的职位设计和岗位配备，实现高效的绩效管理和对员工的薪酬激励等。随着人力资源管理的投入不断增加，人们也产生了一些困惑。其中的一个重要疑问就是，这些人力资源管理政策、管理活动及资金投入是否获得了相应的回报，达到了预期的效果。这就要求对组织的人力资源管理活动进行科学的研究和论证，以可靠的事实和数据来验证人力资源管理的有效性，进而不断实施改进；不能仅停留在一般性的人力资源管理潮流、惯例，甚至各种似是而非的"说法"上，这种做法被称为"循证人力资源管理"，又被译为"实证性人力资源管理"，或基于事实的人力资源管理。

　　循证的实质是强调做事要基于证据，而不是模糊的设想或感觉等。它起源于20世纪末兴起的循证医学。有越来越多的政府机构和公共部门决策者，开始意识到循证政策的重要性。英国政府在1999年发布的《实现政府现代化》白皮书中，明确将循证政策作为其行为准则。循证的理念很快渗透到管理学领域。循证管理的中心思想，就是要把管理决策和管理活动建立在科学依据之上，通过收集、分析、总结和应用最佳、最合适的科学证据，来进行管理，对组织结构、资源分配、运作流程、质量体系和成本运营等做出决策，不断提高管理效率。

　　循证人力资源管理，实际上是循证管理理念在人力资源管理领域的一种运用，它是指运用数据、事实、分析方法、科学手段、有针对性的评价及准确的案例研究，为人力资源管理方面的建议、决策、实践及结论提供支持；简言之，循证人力资源管理就是审慎地将最佳证据运用于人力资源管理实践的过程。循证人力资源管理的目的，就是要确保人力资源管理部门的管理实践，对组织的收益或者其他利益相关者（员工、客户、社区、股东）产生积极的影响，并且证明这种影响的存在。循证人力资源管理通过收集关于人力资源管理实践与生产率、流动率、事故数量、员工态度及医疗成本之间的关系的数据，向组织表明，人力资源管理确实能对组织目标的实现做出贡献。它对组织的重要性，实际上和财务、研发及市场营销等是一样的，组织对人力资源项目进行投资是合理的。从本质上说，循证人力资源管理代表的是一种管理哲学，即用可获得的最佳证据，使人力资源决策牢固建立在实实在在的证据之上，同时证明人力资源管理决策的有效性。

学会基于事实和证据来实施各项人力资源管理活动，可以产生两个方面的积极作用：一是确保并且向组织中的其他人证明，人力资源管理确实在努力为组织的研发、生产、技术开发、营销等方面提供有力的支持，而且对组织战略目标的实现，做出了实实在在的贡献；二是考察人力资源管理活动在实现某些具体目标和有效利用预算方面取得的成效，从而不断改善人力资源管理活动的效率和效果。

（二）循证人力资源管理的路径

人力资源管理者在日常工作中要实现循证人力资源管理，总的来说，要注意做好以下四个方面的工作，将有助于贯彻循证人力资源管理的理念，提高人力资源管理决策的质量，增加人力资源管理对组织的贡献。

1. 获取和使用各种最佳研究证据

最佳研究证据，是指经过同行评议或同行审查的，质量最好的实证研究结果，这些结果通常是公开发表的，并且经过科学研究的证据。在科学研究类杂志（符合国际学术规范的标准学术期刊）上发表的文章，都是按照严格的实证标准要求，并经过严格的评审的，这类研究成果必须达到严格的信度和效度检验要求。举例来说，在一项高质量的实证研究中，要研究绩效标准的高低对员工绩效的影响，通常会使用一个控制组（或对照组）。即在随机分组的情况下，要求两个组完成同样的工作任务（对实验组的绩效标准要求较高），然后考虑两组的实际绩效水平差异。而在另外一些情况中，则需要采取时间序列型的研究设计。

2. 了解组织实际情况，掌握各种事实、数据及评价结果

要系统地收集组织的实际状况、数据、指标等信息，确保人力资源管理决策或采取的行动建立在事实基础之上。即使是在使用上文提到的最佳实证研究证据时，也必须考虑到组织的实际情况，从而判断哪些类型的研究结果是有用的。总之，要将各种人力资源判断和决策，建立在尽可能全面和准确把握事实的基础之上。

3. 利用人力资源专业人员的科学思考和判断

人力资源专业人员可以借助各种有助于减少偏差，提高决策质量，实现长期

学习的程序、实践及框架，做出科学的分析和判断。有效证据的正确使用，不仅有赖于与组织的实际情况相关的高质量科学研究结果，还有赖于人力资源决策过程。这是因为证据本身并非问题的答案，需要放在某个具体的情况中考虑，既要考虑做出明智的判断和高质量的人力资源决策，还需要对得到的相关证据和事实进行深入的思考，不能拿来就用。在这方面，一些经过论证及实际使用效果很好的决策框架或决策路径，能够提醒决策者注意到一些很可能会被忽视的，特定的决策影响因素。

4. 考虑人力资源决策对利益相关者的影响

人力资源管理者在进行人力资源决策时，必须考虑到伦理道德层面的因素，权衡其决策对利益相关者和整个社会可能产生的长期与短期影响。人力资源决策和人力资源管理实践，对于一个组织的利益相关者来说，会造成直接和间接的后果。这些后果不仅会对普通员工产生影响，而且会对组织的高层和中层管理人员产生影响，同时还有可能会对诸如供应商、股东或者普通公众等组织外部的利益相关者产生影响。总之，对各种利益相关者都给予关注，是考虑周全且基于证据的人力资源决策的重要特征之一，它有助于避免人力资源决策在无意中对利益相关者造成不必要的损害。

（三）人力资源管理职能的有效性评估

循证人力资源管理，一方面要求组织的人力资源管理决策和人力资源管理实践应当建立在事实与数据的基础之上；另一方面还要求组织对人力资源管理职能的有效性要进行评估。评估组织的人力资源管理职能有效性有两种方法，即人力资源管理审计和人力资源管理项目效果分析。

1. 人力资源管理审计

在人力资源管理领域，以数字为基础的分析，常常始于对本组织内人力资源管理活动进行人力资源管理审计。人力资源管理审计是指按照特定的标准，采用综合研究分析方法，对组织的人力资源管理系统进行全面检查、分析与评估，为改进人力资源管理功能提供解决问题的方向与思路，为组织战略目标的实现提供科学支撑。

作为一种诊断工具，人力资源管理审计能够揭示组织人力资源系统的优势与劣势及需要解决的问题，帮助组织发现缺失或需要改进的功能，支持组织根据诊断结果采取行动，最终确保人力资源管理职能最大限度地为组织使命和战略目标做出贡献。

人力资源管理审计通常可以划分为战略性审计、职能性审计和法律审计三大类。其中，战略性审计，主要考察人力资源管理职能否成为竞争优势的来源，以及对组织总体战略目标实现的贡献程度；职能性审计，旨在帮助组织分析各种人力资源管理职能模块或政策的执行效率和效果；而法律审计则比较特殊，它的主要作用在于考察组织的人力资源管理活动是否遵循了相关法律法规。

以人力资源招募和甄选过程中的法律审计为例，首先需要对组织的招聘政策、招聘广告、职位说明书、面试技术等关键环节的内容，进行详细、客观的描述，然后再根据这些内容来寻找相关的法律条款（如《中华人民共和国劳动法》及其配套法律法规等），进而将自己的管理实践与法律规定进行对比审计分析，在必要时根据法律要求和自身情况对其进行调整和改进。这样的审计过程能够在很大程度上避免因违反相关法律法规而造成直接和间接的损失，这是人力资源管理职能能够为组织做出的一种非常直接的贡献。

人力资源管理审计的考察内容，通常是人力资源管理对于组织的整体贡献，以及各人力资源管理职能领域的工作结果，即以战略性审计和职能性审计居多。战略性审计主要考察人力资源管理对组织的利润、销售额、成本、员工的离职率和缺勤率等整体性结果产生的影响，而职能性审计则是通过收集一些关键指标来衡量组织在人员的招募、甄选与配置、培训开发、绩效管理、薪酬管理、员工关系管理、接班计划等领域的有效性。关于人力资源管理审计中的战略性审计和职能性审计所使用的指标问题，因为不同组织审计的出发点不同，以及各个组织的行业特点存在差异，所以审计指标的选取及指标的详细程度会因此有所差异。

而其他的人力资源管理审计指标，则会针对人力资源管理的各个职能模块及人力资源管理的总体有效性，分别进行指标选取。

在确定了人力资源管理审计使用的衡量指标之后，相关人员就可以通过收集信息来进行审计了。其中，关键经营指标方面的信息，可以在组织的各种文件中查到，但有时人力资源部门为了收集某些特定类型的数据，需要创建一些新的文件。如对人力资源管理职能所要服务的相关客户（主要是组织的高层管理人员、各级业务部门负责人及普通员工等）的满意度进行调查和评估，需要创建调查文件，收集相关信息。其中，员工态度调查或满意度调查能够提供一部分内部客户的满意度信息，而对组织高层直线管理人员的调查，则可以为判断人力资源管理实践对组织的成功经营所起到的作用提供信息。此外，为了从人力资源管理专业领域的最佳实践中获益，组织还可以邀请外部的审计团队对某些具体的人力资源管理职能进行审计。

现在，随着电子化员工数据库及相关人力资源管理信息系统的建立，人力资源管理审计所需要的关键指标的收集、存储、整理及分析工作越来越容易，很多满意度调查工作也可以通过网络来完成。这些情况有助于通过实施人力资源管理审计，提高人力资源管理政策和实践的效率及有效性。

2. 人力资源管理项目效果分析

衡量人力资源管理有效性的另一种方法，是对某项具体的人力资源管理项目或活动进行分析。对人力资源管理项目进行评价的方式有两种：一种是以项目或活动的预期目标为依据，考察某一特定的人力资源管理方案或实践（比如某个培训项目或某项新的薪酬制度）是否达到了预定的效果；另一种是从经济的角度来估计某项人力资源管理实践可能产生的成本和收益，从而判断其是否为组织提供了价值。

人们在制订一项培训计划的时候，通常会同时确定期望通过这个计划达成的目标，如通过培训在学习层、行为层及结果层（绩效改善）等方面产生效果。于是，人力资源管理项目分析就会衡量该培训计划是否实现了之前设定的目标，即培训项目对于受训者的学习、行为及工作结果到底产生了怎样的影响。

例如，人们在设计一个培训项目时，将目标定位于帮助管理人员将领导力水平提升到某个既定的层次。那么，在培训结束之后，就会评价这项培训计划是否实现了之前确定的目标，即对培训计划的质量进行分析。于是，该公司在培训计划刚刚结束时，要求受训者对自己的培训经历进行评价；几个月后，培训部门会对受训者在培训结束后的实际领导绩效进行评估；此外，员工对于公司整体领导力所做的评价，也可以用来衡量这些管理人员培训计划的效果。

另一方面，对上述培训项目培训效果还可以采用经济分析的方法进行评估，即在考虑与培训项目有关的成本的前提下，对该培训项目所产生的货币价值进行评估。这时，人们并不关心培训项目到底带来了多大变化，只关心它为组织贡献的货币价值（收益和成本之间的差异）的大小。这些人力资源管理项目的成本，包括员工的薪酬及实施培训、员工开发或者满意度调查等人力资源管理计划所支付的成本；收益则包括与员工的缺勤率和离职率相关的成本下降及与培训计划有关的生产率的上升等，显然，成功的人力资源管理项目所产生的价值应当高于其成本，否则这个项目从经济上来说就是不合算的。

在进行人力资源管理实践成本收益分析时，可以采取两种方法，即人力资源会计法和效用分析法。人力资源会计法，试图为人力资源确定货币价值，就像为物力资源（比如工厂和设备）或经济资源（比如现金）定价一样，它要确定薪酬回报率、预期薪酬支付的净现值及人力资本投资收益率等。而效用分析法，则试图预测员工的行为（比如缺勤、流动、绩效等）所产生的经济影响，如员工流动成本、缺勤和病假成本、通过甄选方案获得的收益、积极的员工态度所产生的收益、培训项目的财务收益等。与审计法相比，人力资源管理项目分析法的要求更高，因为它要求必须得到较为详细的统计数据，所需费用也较多。

二、优化人力资源管理职能的方式

为了提高人力资源管理职能的有效性，组织可以采取结构重组、流程再造、人力资源管理外包及人力资源管理电子化等几种不同的方式。

（一）人力资源管理结构重组

传统的人力资源管理结构，主要围绕员工配置、培训、薪酬、绩效及员工关系等人力资源管理的基本职能而设定，是一种典型的按职能进行分工的形式。这种结构的优点是分工明确、职能清晰，但是缺点在于，这种结构形式下，人力资源部门只能了解组织内部全体员工某一个方面的情况，如员工所受过的培训或员工的薪酬水平、绩效状况等，但是对某一位员工，尤其是核心员工的各种人力资源状况，缺乏整体性的了解，导致人力资源部门在吸引、留住、激励及开发人才方面，为组织做出的贡献大打折扣；同时，由于各个人力资源管理的职能模块各行其是，人力资源管理职能之间的匹配性和一致性较差，无法满足战略性人力资源管理的内部契合性要求，从而使人力资源管理工作的整体有效性受到损害。因此，越来越多的组织认识到，传统的人力资源部门结构划分需要重新调整。

近年来，很多大公司都开始实施一种创新性的人力资源管理职能结构，这种结构的人力资源管理的基本职能被有效地划分为三个部分：专家中心、现场人力资源管理人员及服务中心。专家中心通常由招募、甄选、培训及薪酬管理等传统人力资源领域中的职能专家组成，他们主要以顾问的身份来开发适用于组织的各种高水平人力资源管理体系和流程。现场人力资源管理人员由人力资源管理多面手组成，他们被分派到组织的各个业务部门，具有双重工作汇报关系。他们既要向业务部门的直线领导者报告工作，又要向人力资源部门的领导报告工作。这些现场人力资源管理人员，主要承担两个方面的责任：一是帮助自己所服务的业务部门的直线管理者，从战略的高度来强化人的问题，解决作为服务对象的特定业务部门中出现的各类人力资源管理问题，相当于一个被外派到业务部门的准人力资源经理；二是确保人力资源管理决策能够在整个组织中得到全面、有效的执行，从而强化帮助组织贯彻执行战略的功能。最后，服务中心工作的人的主要任务是，确保日常的事务性工作能够在整个组织中有效完成。在信息技术不断发展的情况下，服务中心能够非常有效地为员工提供服务。

这种组织结构安排，通过专业化的设置，改善了人力资源服务的提供过程，真正体现了以内部客户为导向的人力资源管理思路。专家中心的员工，可以不受事务性工作的干扰，专注于开发自己现有的职能性技能。现场人力资源管理人员，可以集中精力了解本业务部门的工作环境，不需要竭力维护自己在专业化职能领域中的专家形象。而服务中心的员工，则可以把主要精力放在为各业务部门提供基本的人力资源管理服务上。

此外，从激励和人员配备的角度来看，这种新型的人力资源部门结构设计方式也有其优点。新型的人力资源部门结构，根据工作内容的复杂性和难度，设计了三层次人力资源部门结构，可以让相当一部分人力资源管理专业人员摆脱日常事务性工作的束缚，集中精力做专业性的工作；同时，还可以让一部分高水平的人力资源管理工作者，完全摆脱事务性的工作，发挥他们在知识、经验和技能上的优势，重点研究组织在人力资源管理领域中存在的重大问题，从而为人力资源管理职能的战略转型和变革打下良好的基础。这无疑有助于组织的人力资源管理达到战略的高度，同时也有利于增强对高层次人力资源管理专业人员的工作激励。

（二）人力资源管理流程再造

流程是指一组能够一起为客户创造价值的相互关联的活动进程，是一个跨部门的业务行程。流程再造，也称"业务流程再造"，是指对业务流程，尤其是关键或核心业务流程，进行根本的再思考和彻底的再设计。其目的是使这些工作流程的效率更高，生产出更好的产品或提高服务质量，同时更好地满足客户需求。虽然流程再造常常需要运用信息技术，但信息技术并不是流程再造的必要条件。从表面上看，流程再造只是对工作流程的改进，但实际上是对员工的工作方式和工作技能等方面都提出全新的挑战。因此，组织的业务流程再造过程，需要得到员工的配合，并需要员工做出相应的调整，否则很可能会以失败告终。

流程再造的理论与实践，起源于 20 世纪 80 年代后期，当时的经营环境以客户、竞争及快速变化等为特征，而流程再造正是为了最大限度地适应这一时期的外部环境变化，而实施的管理变革。它是在全面质量管理、精益生产、工作流管理、工作团队管理、标杆管理等一系列管理理论和实践的基础上产生的，是在此前已经运行了 100 多年的专业分工细化及组织分层制的一次全面反思和大幅改进。

流程再造不仅可以对人力资源管理中的某些具体流程，如招募甄选、薪酬调整、员工离职手续办理等进行审查，也可以对某些特定的人力资源管理实践，如绩效管理系统进行审查。在大量的信息系统运用于组织的人力资源管理实践的情况下，很多流程都需要进行优化和重新设计。在进行流程再造时，可以先由人力资源部门的员工对现有的流程进行记录、梳理和研究，然后由高层管理人员、业务部门管理人员及人力资源专业人员共同探讨，确定哪些流程有改进的必要。流程再造经常会用到人力资源管理方面的信息技术。大的人力资源管理软件及共享数据库，为人力资源管理的流程再造提供了前所未有的便利。流程再造及新技术的应用，能够带来如简化书面记录工作、删减多余工作步骤、使手工流程自动化及共享人力资源数据等多方面的好处，不仅可以节约人力资源管理方面花费的时间，还能降低成本，从而提高人力资源工作的效率及有效性。

（三）人力资源管理外包

除了通过内部的努力来实现人力资源管理职能的优化，人们还探讨了如何通过外包的方式，改善人力资源管理的系统、流程及服务的有效性。外包通常是指一个组织与外部的专业业务承包商签订合同，让它们为组织提供某种产品或者服务，而不是用自己的员工在内部生产这种产品或服务。

很多组织选择将部分人力资源管理活动或服务外包，主要原因有以下四点：

第一，与组织成员自己完成可外包的工作内容相比，外部的专业化生产或服务提供商，能够以更低的成本提供某种产品或服务，从而使组织可以通过外购服务或产品降低生产或管理成本。

第二，外部的专业业务承包商有能力比组织自己更有效地完成某项工作。之所以出现这种情况，是因为这些外部服务提供者，通常是某一方面的专家。由于专业分工的优势，它们能够建立和培育起一系列综合性专业知识、经验和技能，因此这些外部生产或服务承包商所提供的产品或服务的质量往往较高。但事实上，很多组织一开始都是出于效率方面的考虑，才寻求业务外包的。

第三，人力资源管理服务外包，有助于组织内部的人力资源管理工作者集中精力，做好对组织具有战略意义的人力资源管理工作，摆脱日常人力资源管理行政事务的困扰，从而使人力资源管理职能对于组织的战略实现，做出更大、更显著的贡献，真正进入战略性人力资源管理的层次。

第四，有些组织将部分人力资源管理活动外包，是因为组织本身规模较小，没有能力自行完成相关的人力资源管理活动，只能借助外部的专业化人力资源管理服务机构，提供某些特定的人力资源管理服务，如建立培训体系、设计培训课程等。

（四）电子化人力资源管理

在提升人力资源管理的效率和有效性方面，计算机、互联网，以及相关的一系列新工具和新技术，发挥着非常重要的作用。不仅如此，信息技术的发展，还为人力资源管理职能朝战略和服务方向转型，提供了极大的便利。人力资源管理应用信息技术实际上经历了三个阶段：一是人力资源信息系统阶段；二是人力资源管理系统阶段；三是电子化人力资源管理阶段。

1. 人力资源信息系统阶段

人力资源信息系统，是在组织从事人力资源管理活动的过程中，对员工及其从事的工作等方面的信息，进行收集、保存、分析和报告的系统。人力资源信息系统，早期主要是对员工个人的基本情况、教育状况、技能、经验、所在岗位、薪酬等级及家庭住址、紧急联络人等基本信息加以整理和记录，后来在这些基本的人事管理信息模块的基础上，逐渐扩展到出勤记录、薪酬计算、福利管理等基本人力资源管理功能方面。可以说，人力资源信息系统是一个人力资源管理辅助系统，也是一个基础性的人力资源管理决策支持系统，它可以随时为组织提供人力资源决策所需要的各项基础数据及基本的统计分析功能。

对于大的组织机构来说，由于员工人数众多，数据量较大，需要的计算和统计及查询的人力资源信息非常多，通过计算机存储人力资源信息显然更是必然的。在人力资源信息系统中，有一个关联性数据库，即将相关的人力资源信息存储在不同的文件之中，但是这些文件可以通过某些共性要素或字段（比如姓名、员工号、身份证号码等）连接在一起。例如，员工的个人信息与薪酬福利信息及培训开发信息保存在不同的文件中，可以通过员工姓名将不同文件中的信息联系在一起，在进行人力资源管理活动时，就可以随时取用和合并相互独立的员工信息资料。

2. 人力资源管理系统阶段

人力资源管理系统，是在人力资源信息系统上进一步发展而来的，这种系统在传统的人事信息管理模块、员工考勤模块及薪酬福利管理模块等一般性人力资源管理事务处理系统的基础上不断扩展，涵盖了职位管理系统、员工招募甄选系统、培训管理系统、绩效管理系统、员工职业生涯规划系统等几乎所有人力资源管理的职能模块。此外，人力资源管理系统是以互联网为依托，它属于互联网时代的人力资源管理信息系统。从科学的人力资源管理角度出发，它从人力资源规划开始，包括个人基本信息、招募甄选、职位管理、培训开发、绩效管理、薪酬福利管理、休假管理、入职离职管理等基本的人力资源管理内容，能够使组织的人力资源管理人员从烦琐的日常工作中解脱出来，将精力放在更加富有挑战性和创造性的人力资源管理活动上，如分析、规划、员工激励及战略执行等工作。

总体来说，人力资源管理系统，除了具有人力资源信息系统的日常事务处理功能之外，还增加了决策指导系统和专家系统。首先，日常事务处理系统是指在审查和记录人力资源管理决策与实践时需要用到的一些计算和运算，包括对员工工作地点的调整、培训经费的使用、课程注册等方面的记录及填写各种标准化的报告。其次，决策支持系统主要用来帮助管理人员针对相对复杂的人力资源管理问题提供解决方案。这个系统常常包括"如果……那么……"这一类的字句，使该系统的使用者可以看到，当假设或数据发生改变时，结果会出现怎样的变化。最后，专家系统是通过整合某一领域中具有较丰富专业知识和经验的人所遵循的决策规则，形成的计算机系统。这一系统能够根据使用者提供的信息，向他们提出比较具体的行动建议。该系统所提供的行动建议，往往都是现实中的人力资源专家，在类似的情形下，可能会采取的行动。

3. 电子化人力资源管理阶段

电子化人力资源管理，是指基于先进的软件、网络新技术及高速且容量大的硬件，借助集中式的信息库、自动处理信息、员工自助服务及服务共享等方式，实施人力资源管理的一种新型人力资源管理实践。它能够起到降低成本、提高效率及改进员工服务模式的作用。总体来说，电子化人力资源管理，实际上是一种电子商务时代的人力资源管理综合解决方案。它包含"电子商务""互联网""人力资源管理业务流程再造""以客户为导向""全面人力资源管理"等核心理念，综合利用互动式语音技术、国际互联网、客户服务器系统、关联型数据库、成像技术、专业软件开发、可读光盘存储器技术、激光视盘技术、呼叫中心、多媒体、各种终端设备等信息手段和信息技术，极大地方便了人力资源管理工作的开展。同时，它为各级管理者和广大员工参与人力资源管理工作及享受人力资源服务，提供了很大的便利。人力资源信息系统、人力资源管理系统，只是电子化人力资源管理得以实现和运行的软件平台与信息平台。这些平台在集成之后，以门户的形式表现出来，再与外部人力资源服务提供商共同构成电子商务网络，如电子化学习系统、电子化招募系统、在线甄选系统、在线人力资源开发系统、在线薪酬管理系统等。

总的来说，电子化人力资源管理可以给组织带来以下四个方面的好处：

一是提高人力资源管理的效率及节约管理成本。相比传统手工操作的人力资源管理，电子化人力资源管理的效率显然要高得多。电子化人力资源管理，是一种基于互联网和内联网的人力资源管理系统，公司的各种政策、制度、通知等都可以通过网络渠道发布；很多日常人力资源管理事务，如薪酬的计算发放、所得税的扣缴及各种人力资源报表的制作等，都可以通过系统自动完成；并且，员工和各级管理人员，也可以通过系统自主查询自己需要的各种人力资源信息，或者自行注册自己希望得到的各种人力资源服务（比如希望参与的培训项目或希望享受的福利计划等）。与此同时，人力资源管理活动或服务，所占用的组织人员数量和工作时间大幅减少，管理成本也大幅降低。

二是提高人力资源管理活动的标准化和规范化水平。电子化人力资源管理通常是对数据进行集中式管理，将统一的数据库放在客户服务器上，然后通过全面的网络工作模式实现信息全面共享。这样一来，得到授权的客户，就可以随时随地地接触和调用数据库中的信息。此外，在电子化人力资源管理中，很多人力资源管理实践是建立在标准的业务流程基础之上的，它要求使用者的个人习惯服从于组织的统一管理规范，这对实现人力资源管理行为的一致性非常有帮助。这种信息存储和使用模式，不仅可以使人力资源管理活动和服务可以跨时间、跨地域，也能够确保整个组织的人力资源管理信息和管理过程的规范性、一致性，同时还提升了人力资源管理工作的透明度和客观性，有助于避免组织因为个人的因素陷入法律诉讼，确保公平公正，提升员工的组织信任度和工作满意度。

三是彻底改变人力资源部门和人力资源专业人员的工作重心。在传统的人力资源管理方式下，人力资源部门和人力资源专业人员大量从事行政事务性工作，其次是职能管理类工作，而在战略性工作方面花费的时间很少。在电子化人力资源管理的环境下，人力资源工作者将工作重心放在提供人力资源管理咨询服务上，而行政事务性工作被电子化、自动化的管理流程取代，甚至过去大量的数据维护工作，也可以在授权后由直线经理与员工分散完成。电子化人力资源管理推动了人力资源职能的变革进程，使人力资源部门和人力资源管理工作者能够真正从烦琐的日常行政事务中解脱出来，使他们从简单的人力资源信息和日常性人力资源服务的提供者，转变为人力资源管理的知识和解决方案的提供者，能够随时随地为领导层和管理层提供决策支持，促使他们对组织最为稀缺的战略性资源，即各类人才给予更为全面的关注。电子化人力资源管理，能够为人力资源管理专家提供有力的分析工具和可行的建议，帮助人力资源部门建立积累知识和管理经验的体系，还有助于提升人力资源部门和人力资源专业人员的专业能力与战略层次，增强他们为组织做贡献的能力，从而使其他组织成员对他们给予重视，促使他们名副其实地进入战略伙伴的角色。

四是强化领导者和各级管理者的人力资源管理责任，促使全员参与人力资源管理活动。首先，虽然电子化人力资源管理使人力资源管理过程更加标准化、简便化，但是除了建立人力资源管理体系外，人力资源管理活动，监控管理过程的汇总，分析管理结果等工作，仍然需要人力资源部门统一完成，具体的人力资源管理活动会越来越多地委托给直线管理人员。直线经理可在授权范围内在线查看所有下属员工的相关人事信息，更改员工的考勤信息，向人力资源部提交招聘或培训等方面的计划，对员工提出的转正、培训、请假、休假、离职等申请进行审批，并且能够以在线方式对员工的绩效计划、绩效执行及绩效评价和改进等绩效管理过程加以管理。

其次，组织领导者可以通过电子化人力资源管理平台，查询人力资源信息和人力资源指标变化情况，还可以通过平台做出决策。具体来说，领导者不仅可以在某项人力资源管理活动流程到达自己这里的时候，通过电子化人力资源管理平台直接在网上（在离开办公室的情况下可以利用智能手机）进行相关人力资源事务的处理；也可以在不依赖人力资源部门的情况下，自助式地获知组织的人力资源状况，并进行实时监控；还可以获得如做出决策所需要的人力资源指标变动情况等各项信息。电子化人力资源平台，可以使领导者和管理者越来越直接地参与到人力资源管理的各项决策以及政策的实施过程之中。

最后，员工也可以利用电子化人力资源管理平台，通过在线的方式，查看组织制定的各项规章制度、组织结构、岗位职责、业务流程、内部招募公告、个人的各种人事信息、薪酬的历史与现状、福利申请及享受情况、考勤休假情况，注册或参加组织内部培训课程，以及提交请假或休假申请。此外，员工还可以在得到授权的情况下，自行修改个人信息数据，填报个人绩效计划和绩效总结，以及与人力资源部门进行沟通和交流等。

正是由于上述优势，电子化人力资源管理这种能够适应以网络化、信息化、知识化和全球化为特征的新环境的人力资源管理模式，才成为当今人力资源管理领域的一个重要发展趋势。

第四章 人力资源管理的招募、录用及培训

第一节 人力资源的招聘与甄选

在人力资源管理这个大系统中，招聘管理是其中的一个子系统，而且是最基础的始发系统，它决定着组织中今后各项人力资源管理业务能否顺利开展。人是一切管理工作的基础。人员招聘与录用工作之所以处于组织中人力资源管理工作的基础地位，是由人员招聘工作的内容和在人力资源管理中的地位决定的。

一、招聘的概念及意义

（一）招聘的概念

招聘是指通过不断搜集有关信息，进行筛选，做出取舍决定等活动，把具有一定能力和资格的适当人选吸纳到组织空缺职位的过程。

一般情况下，组织招聘的任务主要在以下三种情况下提出：①新成立一个部门；②人员队伍结构不合理，在裁减多余人员时需要补充短缺人才；③晋升、退休等造成职位空缺。

系统的人员招聘工作一般是以下列四种理论假设为基础的：每一职位都有相对稳定的对人的能力和资格要求；每个人都有相对的能力特长和基础素质；职位的要求与人员的能力特征和基本素质相匹配；人与职位之间的良好匹配会产生较好的工作绩效，以及组织绩效。这些假设隐含更深一层的意思，即职位所要求的能力特征是随着时间的变化而变化的，而个体的素质和能力会发生变化。因此，在招聘中，还应当对职位要求与个体能力等进行具体而准确的动态测量。

（二）招聘的意义

招聘是人力资源的入口管理，即对进入组织的人员进行选择、把关，它是整

个人力资源管理过程的关键环节，因而具有十分重要的意义。

首先，有效的招聘有利于人才的优化配置和部门最佳人才结构的形成。人员招聘制可以实现人才和用人部门的双向选择。组织实行开放式、"市场"化的人员选聘，可以在较大范围内选择到本部门所需要的人才；组织人员通过应聘，也可以选择到适合自己志向和才能的岗位，既体现了组织工作对人才的需要，也体现了人才个人的工作愿望和自身价值。

其次，有效的招聘可以增加组织人员的稳定性，减少人员流失。因为成功的招聘可以为公共部门的每一个职位找到合适的人选，做到人尽其才，提高对工作的满意度。

再次，有效的招聘可以降低组织人员初任培训和能力开发的费用。因为对高素质合格人员的培训开发要比素质较低的人胜任工作所进行的培训开发更简单、有效。

最后，有效的招聘能够提高组织的效率。因为每一个职位都拥有合格的人才，整个组织的工作效率必定提高。同时，对组织人员的管理可能变得简单，管理者不再需要花很多时间和精力来纠正部门成员的过错或解决成员间的问题，而是花更多的时间和精力来考虑组织发展的关键性问题。

二、人员招募计划

人员招募计划的目的是分析组织在不同情况下的人力需求，使组织内部有充足的人力资源保障，以实现组织的长期或短期目标。人员招募计划包括估计现有的人力资源数量、质量与结构，预测未来的人力需求与供给。人员招募计划可以使组织充分了解组织未来发展对员工资格、技能的需求，进一步做好人员招募甄选工作。

(一) 人员需求预测

人员需求是指满足组织未来需要所应配备的人员数量及其所应具备的技能条件的组合。组织对人力资源的需求大小，受到内部和外部许多因素的影响。

1. 影响需求的因素

影响组织人员需求的因素有以下四方面：

第一，整体经济环境。一个国家、地区乃至全球的经济环境，直接影响到具体组织的经营、管理状况，在经济蓬勃发展时期，对人员的需求就会增加，而在经济衰退甚至经济危机期间，对人员的需求就会大大减弱，社会的失业率也会大大增加。

第二，社会及政治压力。对于公共部门来讲，社会及政治压力也是影响人员需求的重要因素。比如，失业人数过多，就会带来社会治安、社会保障、失业保险等一系列社会问题，那么公共部门就不得不慎重考虑自己的增员或减员计划。

第三，技术的改进。新的科技成果转化、技术革新，直接影响到组织的人员需求结构和需求数量的变化。如计算机技术的普遍应用和推广，就会使公共部门增加对管理技术型人才的需求，减少对可以被计算机替代的人力的需求。

第四，组织政策。组织职能目标的转变，对人员的需求会产生重要影响。如中国政府职能由微观管理向宏观调控转变，由全面干预向全面服务转变，就造成了国家机关大幅度减员。原来由政府包办的研究、辅助性质的国家事业单位向社会化的、自谋生路的社会中介组织转变，也会造成人员需求数量的减少和人员结构的变化。另外，组织文化、管理方式的变革也会对人员需求产生影响。如组织由原来的集中管理向减少中间层次的分权管理转变，就会直接影响到对中间管理层人员的需求。

2. 需求预测的技术和方法

人员需求预测的技术和方法主要有：

第一，趋势预测法。根据过去组织对人员的需求状况，推测出组织未来的人员需求结构和数量的方法，叫趋势预测法。例如，可以通过计算过去五年内每年年底组织的员工数目和各个部门的员工数目，得出组织人员需求趋势，进而推测出未来的人员需求。趋势预测法是一种逻辑推理方法，简便易行。但时间因素往往不是影响人员需求的唯一因素。

第二，比率预测法。比率预测法是通过某种因果因素与人员需求数目之间的比率来推测组织未来的人员需求。例如某研究机构的用人比率为3：1，即每3位研究人员需要1位辅助研究人员，假如需要增加6位研究人员，那么就需要另外录用2位辅助研究人员。对于经营性组织来讲，比率法同样适用。比率法的缺点是没有考虑到规模经济的因素。比如，尽管每3位研究人员需要1位辅助人员，但在一个有30位研究人员的研究机构，辅助人员可能只需7人。这是因为辅助人员在团队工作条件下，或由于他们各自精于某一方面的工作，总体效率会有所提高。

第三，工作负荷预测法。先进行工作分析，再预测组织未来的工作量，进而推算出对人员的需求。

第四，电脑软件分析法。利用人员需求分析软件对组织的人员需求进行预测是一种现代、快捷的分析方法。也就是将组织的工作量等相关因素输入电脑，通过计量模型计算出组织各层次人才的需求量，这是现代专业人力资源管理咨询公司常用的一种方法。

无论运用什么方法对人员需求进行预测，都离不开管理人员的主观判断。这是因为各种分析方法所依据的都是历史资料，而未来许多可变因素对人员需求的影响还要靠管理人员的主观判断。

（二）人员供给预测

人员的供给分内部供给和外部供给两方面。

1. 内部供给

当组织以内部现有任职人员补充人员空缺需求时，人们称之为内部供给。对组织内部供给进行预测，通常需要做以下三方面工作：

第一，了解组织内部人员状况，包括年龄、级别、学历、经历、技能、绩效等，这些信息可以通过人事档案来获取。了解内部人员的这些特征，就可推算出未来人员的自然退职数目，进而了解职位空缺数。同时，还可以知道组织内哪些人员可以顶替空缺。

第二，建立职位置换卡。也就是将每个职位都编成一张卡片，标明哪些人可能适合这项职位，并指出这些人目前的绩效水准、晋升的可能性，以及所需的训练。这样，在组织出现职位空缺时，就可以通过职位置换卡找出合适的人选，若无合适人选再考虑外部招募。

第三，计算组织的人员变动率。在分析内部供给时，不可避免地牵涉人员的变动率，因为这不但关系到组织内部的人员供给和职位空缺状况，还关系到组织内部的管理是否合理的问题。

采用组织现有人员作为人力需求的供给源有多种优势：一是组织现有人员对

组织的运作机制和组织文化有很好的了解和适应；二是组织对现有人员的各方面情况有一定的了解，能够选到比较恰当的人选；三是对组织内部人员进行提升，对其他人员有激励作用。

2. 外部供给

在组织内部供给不能满足组织需求时，就需要考虑从组织外部招募人才。外部人员供给的分析，需要考虑以下因素：

第一，人口因素。人口因素的变化直接影响着劳动力的外部供给。一是国家和地区人口数量的多寡影响到人员的外部供给。在人口密度大的国家、地区，人员的外部供给就相对充裕；反之，则比较紧缺。二是新进入就业队伍的年轻人人数的变化影响到人员的外部供给。三是劳动力结构影响着人员的外部供给。

第二，经济因素。社会经济发展的景气与否，直接影响到失业率的高低，进而影响到人员外部供给的紧缺程度。另外，地区间经济发展的差异，也会影响到人员的外部供给。

第三，政策因素。一个国家和地区的管理政策、法规，对外部人员的供给有着重要影响，如中国的户籍管理政策对人口的跨地区流动有一定的限制，这样就影响到地区间的人员供给。另外，如平等就业法规、妇女儿童权益保护法、工作时间规定等都对人员的外部供给产生一定的影响。

总之，人员招募计划是人力资源管理的重要环节，它关系到对外部环境的前瞻性分析和现有人员的潜能开发。成功的人员招募计划能把握现有及未来劳动力构成的可能性，并预测相应成本，是组织人力资源管理战略运作的重要桥梁。

三、公共部门人员招聘的基本原则

人员招聘是一项严肃的工作，招聘工作的好坏直接影响组织的未来发展。因此，在公共部门的人员招聘工作中必须严格遵循以下原则：

（一）法治原则

法治原则指在招聘工作中要严格遵守国家的有关法律法规和政策规定，不能与法律法规相抵触。如必须严格遵守《中华人民共和国宪法》、《中华人民共和国劳动法》（以下简称《劳动法》）、《国家公务员暂行条例》等法律规定，不得有身高、性别、种族等歧视，要维护特殊人群的工作权利，禁止未成年人就业。法治原则能有效避免人员招聘中的主观随意性，是招聘中必须遵守的基本原则。

（二）德才兼备原则

公共部门往往拥有一定权力，维护和实现公共利益又是其基本职责，所以每位公职人员必须德才兼备。如果公职人员缺乏道德情操，其行为一旦给社会造成损失，则负面影响往往比其他部门都要大。此外，若公职人员缺乏才能，则其社会服务成效将大打折扣。

（三）公开平等原则

公开原则指组织在招聘过程中应将计划录用的职位、资格条件、考核结果等面向全社会公开。平等原则指对所有符合条件的应聘者一视同仁、平等对待，不能因民族、性别、出身、地区等受到歧视。公开平等原则是招聘录用中最重要的原则，能为组织获得高素质人才提供保证，保障广大应聘者的权利。

（四）因事择人原则

在人事招聘工作中，必须根据职位需要录用合适的人员，做到专人专用、适才适用，避免人力资源的浪费，有效防止机构膨胀。"为官择人者治，为人择官者乱"，唐太宗的自省格言在现代人事招聘工作中仍具有现实意义。人事招聘要按岗位选人、选贤任能，而不能因人设岗、任人唯亲。

（五）效率优先原则

公共部门获取人力资源需支付一定成本。首先，遵循效率优先原则要树立效率观念，保证招聘录用的人员充分发挥作用，若无合适人选，宁使岗位空缺，也不要让不合适的人占据不恰当的职位。其次，遵循效率优先原则还要求在保证人力资源质量的同时，在招聘中灵活选用适当的形式和方法，尽可能用最小的成本录用适合职位的最佳人选。

四、公共部门人员招聘与录用的基本程序

公共部门人员招聘与录用是一个复杂、完整而又连续的标准化操作过程。一

般来说，公职人员招聘和录用包含制订招募计划、实施招募、甄选、选录试用等基本步骤。

（一）制订招募计划

当组织出现职位空缺时，须制订合理的招募计划以实现合适人选的填补。招募计划主要内容包括招聘人员的选择标准、招聘的规模、招聘的范围与时间、招聘成本预算等。需要注意的是，工作说明书与人力资源规划是招募计划制订的依据，只有了解职位空缺的性质、数量、任职资格等，才能选出合理的招聘人员、确定招聘规模及成本预算等。现代人力资源管理区别于传统人事管理的一个特点是，当职位空缺时，注重开发利用内部人力资源，通过晋升、交流、培训等来填补职位空缺。当组织内部的人力资源不能满足组织的发展需求时，才根据人力资源规划制订招募计划，从外部吸收人力资源，为组织增添新的活力。

一般来说，职位的关键程度与招聘的规模、范围及成本预算成正比。人们常用招聘收益（金字塔）模型表示招聘的规模。该模型将整个招聘录用过程分为若干阶段，以每个阶段通过的人数和参加人数之间的比例确定招聘的规模。使用这一模型确定招聘规模，取决于两个因素：一是组织招聘录用的阶段。阶段越多，规模相应就越大。二是各个阶段通过人数的比例。每一阶段通过的比例越低，招聘的规模就越大。

（二）实施招募

招聘的实施意味着寻找和吸引愿意填补空缺职位求职者的工作正式展开，这时，无论怎样强调有效招聘的重要性都不为过。招聘计划的实施主要包括以下几个步骤：选择合适的招募方式、申请者受理、初步筛选与初步面试。

如前所述，人才招聘有开发组织内部人力资源及外部招聘两种方式，具体到外部招聘方式有雇员推荐、广告招聘、校园招聘、人才交流会、就业服务机构、猎头公司、网络招聘等。招聘组织者应该了解每种招聘方式的利弊及其对成本、时间周期的要求。现代社会由于网络信息量大、更新速度快与获取便捷，所以公共部门的招聘也越来越倾向于把其他招聘方式与网络招聘相结合。总而言之，公共部门的招聘须根据自身的性质和工作内容选择相应的招聘方式，既要满足空缺职位对人员的素质要求，又要提高招聘效率、降低招聘成本。

当招聘方式确定、机构向社会发布招聘公告后，会吸引一定数量的求职者前来应聘。面对众多的申请者资料，用人单位要做好申请者的筛查（包括资格审查与初步筛选）工作：资格审查即初步审查报考人员是否具有报考公共部门人员的资格条件，相应的资格条件是国家或组织机构规定的某个职位上的人员必须具备的各类资质，只有具备条件者方能通过审查。进行资格审查的同时还应进行初步筛选，即留下一些条件更优、更符合职位要求的求职者，为下一步的甄选提供便利条件。

（三）甄选

甄选指运用一定的工具和手段对已经招聘到的求职者进行鉴别和观察，根据他们的知识水平、技能与人格特点，预测他们的未来工作绩效，最终挑选出组织需要的、恰当的职位空缺填补者。甄选由人力资源部门和用人部门共同完成，最终的录用决策由用人部门做出。在所有的甄选工具与手段中，绝大多数组织都要通过面试评价最后的录用人员，因此面试是人员甄选中必不可少的环节。

（四）选录试用

经过以上步骤，主考机关综合各种考核、测试结果进行总体评价，确定拟录用名单。确定拟录用名单时要防止武断，根据公平原则择优录用。公平原则包括结果公正、机会均等，即在甄选过程中每个人都应获得同等的机会，甄选的结果取决于每个人在甄选过程中的表现。

确定拟录用名单后，须对拟录用人员进行任职培训、上岗试用。初任培训可使拟录用人员充分了解组织和工作岗位的状况，并掌握与工作岗位相关的技能。为了进一步考察拟录用人员，基本上每个单位对新进员工都要进行时间长短不一的试用。在试用期内，组织可全方位考察被试用人员的思想品德、工作能力、适应状况等，并加强对被试用人员的管理与培训，帮助他们尽快适应新岗位。试用期满，考察合格者将正式予以录用。

五、人力资源招聘的方法

人员招聘的方法很多，究竟采用哪种方法要视成本和效益而定。一般而言，根据招聘对象的来源可分为内部招聘和外部招聘。

(一) 内部招聘

1. 内部招聘对象的主要来源

①提升。提升是指从组织内部提拔符合条件的人员填补职位空缺。一般而言，提升是有计划的，在提升之前会对候选人进行甄选评价，最后由上级主管部门确定提升与否。内部提升的优点是可以激发部门成员奋发向上，为部门成员提供发展的机会，而且省时、省力、省费用。

②调用。内部调用包括工作调换和工作轮换。工作调换即职务等级不发生变化，工作岗位发生变化，它可为员工提供从事多种相关工作的机会并为提升做好准备，这种方式一般适用于中高层的管理人员。工作轮换多用于一般的员工的培养上，时间较短，可以使员工积累各方面的经验，也可减少长期从事某项工作所带来的枯燥乏味感。内部调用的优点是有助于增加员工的工作经验和新鲜感。

③公开招聘。内部公开招聘即在本部门或本单位范围内进行公开招聘，职位空缺的信息和要求张贴在布告栏内，凡认为自己合适的人都可以报名。这种方法提供了招聘部门内公平竞争的机会，有利于调动全体成员的积极性，使每个人都有机会，从而找到合适的人选。

④重新聘用。这种方式适用于待岗的员工。他们通过重新工作来展示自己能力才华，会保持着较高的工作积极性；并且，由于他们一般都有丰富的工作经验，能够很快适应工作岗位，因而能为招聘部门节省大量的培训费用。

2. 内部人员的招聘方法

①推荐法。它是指由本部门员工根据部门需要推荐其熟悉的合适人员供用人部门和人力资源部门进行选择和考核的一种方法。

②档案法。它是指通过人力资源部门的员工档案，了解员工在教育、培训、经验、技能、绩效等方面的信息，帮助用人部门和人力资源部门寻找合适的员工的一种方法。

③布告法。它是指将招聘信息以布告的形式，公布在招聘部门中一些可以利用的墙报、报告栏、内部报刊上，尽可能使内部的员工能获得信息，鼓励有才能、有志气的员工毛遂自荐的一种内部招募方法。

④职业生涯开发系统法。它是指根据本招聘部门制定的职业生涯设计，进行人员的晋升、调用等，并进而满足填补本部门空缺职位需求的一种方法。

（二）外部招聘

①刊登广告。刊登招聘广告是组织常用的招募方式。这是因为报纸、杂志、电视、网络的接触面广，流通量大，招募到理想人才的机会也较多。

在设计招聘广告时，要注意广告的独特创意，树立良好的组织形象，给读者留下深刻印象。另外，还应把主要的招募内容展示出来，如工作内容、工作时间、工资收入、工作环境、资格条件等。利用广告进行招募的缺点在于，广告存留时间短、成本较高、信息容量少。

②学校招募。进行学校招聘的优点是，应聘者的素质有一定保证，而且应征人数也会很多，可以有计划地进行招募甄选。

③人才交流中心和职业介绍所。人才交流中心和职业介绍所存有大量求职者的资料信息，组织在急需少数个别职位人才时，通过人才交流中心和职业介绍所招募到所需人才是一种简便的方法，但需要一定的费用。

④猎头公司。猎头公司是近几年才在国内出现的一种机构，专门提供引荐高级管理人员或专业技术人员的服务。当组织需要填补重要职位或很专业的职位空缺时，由于不易找到合适的人选，就需要借助猎头公司的帮助。这类公司大都收费昂贵，但物有所值。

⑤由现有职员介绍。部分组织会通过现有职员或朋友介绍人选来填补职位空缺。这种方式的优点是：推荐人清楚组织的工作及职位要求，因此所推荐的人员大多符合要求。另外，应征者已于事前从推荐人那里了解到工作环境、要求及前景，加上碍于推荐人的情面，会在录用后努力工作，且不会随便离职。

⑥网络招聘。互联网招聘是同科学技术的迅猛发展、网络社会的到来密切联系在一起的。通过网络进行招聘可以发布更加完整的招聘信息，可以省下许多人的出差费用，节省大量的招聘成本，还会使应聘者很快就能掌握用人单位的职位要求和工作内容及薪水、奖金、福利等自己所关心的信息，从而通过比较来确定自己所要应聘的组织。

第二节　人力资源的录用、评估及有效配置

一、人力资源的录用与评估

（一）人力资源的录用

1. 背景调查与体检

（1）背景调查

背景调查可以提供极好的信息来帮助人们做出正确的录用决策，但是必须正当地使用这些信息，对招聘者最有利的是得到关于如何合法地使用背景调查的合法建议。现在中国公民的权利意识越来越强，招聘者切不可因调查而侵犯了求职者的隐私权。

背景调查内容可以分为两类：一是通用项目，如毕业学位的真实性、任职资格证书的有效性；二是与职位说明书要求相关的申请表上的所有内容，这样既费时又费钱，而如果招聘者调查的事情与工作无关，则有可能因此而惹上麻烦。

（2）体检

体格检查通常是选拔过程后紧接着的一个步骤。体检这一环节的执行相对比较简单，一般会指定一个有信誉的或长期来往的医疗机构，要求应聘者在一定时间内进行体检。在很大的组织中，体检通常在招聘者的医疗部门中进行。体检的费用由招聘者支付，体检的结果也交给招聘者。

体检也是录用时不可忽视的一个环节。不同的职位对健康的要求有所不同，一些对健康状况有特殊要求的职位在招聘时尤其要对应聘者进行严格的体检，否则有可能会带来许多麻烦。

2. 录用

录用程序比较烦琐，包含了决定录用人员、通知录用人员、签订试用合同、人员的初始安排、试用、正式录用等关键性的内容。概括来讲，新人录用程序可以分为以下三个步骤：

（1）录用通知

录用通知的首要步骤就是公布录用名单，这一步骤要靠录用标准和录用决策

的相关程序来进行。在公布录用名单之后，接下来要进行的工作就是办理录用手续。

录用手续应当在劳动人事行政主管部门办理，并且在办理时应当提供足够的资料以证明录用职工具有合法性，只有这样才能受到国家有关部门的承认，并且使招聘工作受到劳动人事部门的业务监督。办理录用手续需要新员工的真实的个人信息，包括员工姓名、年龄、性别、民族、籍贯、文化程度、政治面貌、个人简历等。

办理完相关的录用手续，下一步的工作就是录用通知的实际操作。事实上，很多组织也在办理录用手续之前进行录用通知的发放。

（2）签订劳动合同

劳动合同一般分为两种，一种是试用合同，另一种是正式的劳动协议。一旦签订相应的劳动合同，就表示组织与应聘者之间正式确立了雇佣与被雇佣的劳动关系，同时产生法律效力。因此，对劳动合同的签订应当慎之又慎。

在试用合同中，双方应当明确试用时间期限、试用期间的待遇及相应的岗位安置等。在正式的劳动合同中，双方则应当正式敲定合同期内的薪资待遇、保险福利、岗位职能、违约处罚等内容。一般正式劳动合同的期限为一年，也可以根据双方的意愿适当延长期限。

（3）新人安置

在新员工正式进入组织之后，人力资源部门要及时为其安排相应合适的职位。一般情况下，新员工的职位与在招聘信息中发布的岗位是对应的，如果必要，也可以根据实际的情况进行调整，但是要遵循用人所长、人适其职的原则，使人与事的多种差异因素得到最佳配合。

（二）人力资源的评估

1. 如何评价公司招聘的效果

评价招聘部门的工作是否成功，可以从以下三个方面来看：

①负责招聘的人员是否花时间与公司其他部门的经理一起讨论对应聘人员的要求。合格的招聘人员会花相当多的时间来了解空缺职位的情况，同时，用人部门应该明确提出应聘本部门职位所需的关键技能和条件。

②招聘部门的反应是否迅速，能否在接到用人要求后的短时间内就找到有希望的候选人。真正高效的招聘部门应该了解其他公司中表现出色的人并随时掌握各种候选人的资料。这就需要公司内部的其他职能部门在平时就为招聘人员提供消息和便利，而负责招聘的人员则需要为这些潜在的候选人建立档案，甚至可以给他们打电话以了解其兴趣所在。

③部门经理能否及时安排面试，如果不能，就会错过真正优秀的人才。总是推迟面试，实际上是在传递两个信息：一个是应聘者觉得自己并不是那么重要；另一个是使公司的招聘人员觉得自己的工作没有受到重视。

2. 招聘成本评估

招聘成本评估是指对招聘过程中的费用进行调查、核实，并对照预算进行评价的过程。

招聘工作结束后，要对招聘工作进行核算。招聘核算是对招聘的经费使用情况进行度量、审计、计算、记录等的总称。通过核算，可以了解招聘中经费的精确使用情况，是否符合预算，以及主要差异出现在哪个环节上。

3. 录用人员评估

录用人员评估是指根据招聘计划对录用人员的质量和数量进行评价的过程。判断招聘人员数量的一个明显的方法就是看职位空缺是否得到满足，雇佣率是否真正符合招聘计划的设计。衡量招聘质量是按照长短期经营指标来分别确定的。在短期计划中，可根据求职人员的数量和实际雇用人数的比例来认定招聘质量；在长期计划中，可以根据接收雇用的求职者的转换率来判断招聘的质量。

录用人员的数量可用以下数据来表示：

录用比：$录用比 = \dfrac{录用人数}{应聘人数} \times 100\%$

招聘完成比：$招聘完成比 = \dfrac{录用人数}{计划招聘人数} \times 100\%$

应聘比：$应聘比 = \dfrac{应聘人数}{计划招聘人数} \times 100\%$

如果录用比例小，相对来说，录用者的素质就较高，反之则录用者的素质就较低；如果招聘完成比等于或大于100%，则说明在数量上全面或超额完成招聘计划；如果应聘比较大，说明发布招聘信息的效果较好，同时说明录用人员可能素质较好。除了运用录用比和应聘比两个数据来反映录用人员的质量外，也可以根据招聘的要求或工作分析中得出的结论对录用人员进行登记排列，以确定其质量。

二、人力资源的有效配置

人力资源配置就是通过一系列人力资源管理手段把符合组织发展需要的各类人员及时、合理地安排在岗位上，并与经济资源相结合，开展组织运营的过程。

（一）配置原则

人力资源管理要做到人尽其才、才尽其用、人事相宜，最大限度地发挥人力资源的作用。科学合理地配置人力资源应遵循以下原则：

1. 要素有用

任何要素都是有用的，没有无用之人，只有没用好之人。人力资源配置就是为所有人员找到和创造发挥作用的条件。要素有用原则强调优势定位，一方面，员工要根据自己的兴趣和能力设计职业发展目标；另一方面，管理者需要辩证地看待员工的优势与不足，将员工安排到最有利于其发挥优势的岗位上。

2. 能级对应

合理配置人力资源，提高人力投入产出比率，首先要充分了解人力资源的构成和特点。人力资源质量由于身体状况、教育程度、实践经验等因素影响而存在个体差异。承认不同个体之间能力和水平差异，是为了在使用人力资源时，做到"大材大用、小材小用、各尽所能、人尽其才"，使每一个人所具有的能级水平与所处的层次和岗位的能级要求相对应。

3. 互补增值

互补增值原则是在承认个体多样性和差异性的基础上，在人员分配与安置上扬长避短，增强互补性，使人力资源系统的整体功能得到强化，从而产生"1+1>2"的增值效应。互补增值主要体现在知识互补、气质互补、人格互补、能力互补、性别互补、年龄互补等方面。

4. 弹性冗余

弹性冗余原则要求在人与事的匹配过程中，既要使工作量达到满负荷，又要符合劳动者的生理和心理要求，不能超越身心的极限，确保对人、对事的安排留有余地，既给劳动者一定的压力和紧迫感，又保障所有员工的身心健康。总之，人们应根据岗位类别、行业、工作环境等具体情况的不同，把握好度。

（二）空间配置

人力资源与其他经济资源相结合产出各种产品的过程，就是人力资源在空间和时间上实现多维度有效配置的过程。人力资源空间配置主要包括招聘岗位配置、劳动分工协作、任务指派、工作地组织等内容。

1. 招聘岗位配置

招聘岗位配置有三种基本方法：以人为标准进行的配置、以岗位为标准进行的配置和以双向选择为标准进行的配置。

（1）以人为标准进行的配置

从人的角度，根据每人得分，为其安排得分最高的岗位。使用这种方法可能出现的问题是：几个人同时在某岗位上得分最高，但结果只能选择一个员工，而其他优秀的人才被拒之门外。

（2）以岗位为标准进行的配置

从岗位的角度出发，每个岗位都要挑选测试得分最高的人员，以保证组织效率达到最高。使用这种方法可能出现的问题是：一个人同时被几个岗位选中，而有些岗位出现空缺的现象。

（3）以双向选择为标准进行的配置

由于单纯以人为标准或者以岗位为标准进行配置，均有难以克服的问题，因此，可采用双向选择的方法进行配置，即在岗位和应聘者两者之间进行必要的调整，以满足岗位与人员配置的要求。采用双向选择的配置方法，对岗位而言，有可能导致得分最高的员工不能安排到该岗位上；对员工而言，有可能没有被安排到其得分最高的岗位上工作。但该方法综合平衡了岗位和人员两方面的因素，现实又可行，能从总体上满足岗位人员配置的要求，效率较高。

2. 劳动分工协作

（1）劳动分工

劳动分工是把生产、服务过程分解为若干局部的劳动，各局部的劳动既相互联系，又各自独立，具有专门的职能。劳动分工的形式有以下三种：

①职能分工。全体员工按所执行的职能进行分工，一般分为工人、技术人员、管理人员、服务人员及其他人员。这是劳动组织中最基本的分工，是研究人员结构、合理配备各类人员的基础。

②专业分工。专业分工是职能分工下的第二层次的分工。例如，工程技术人员及管理人员可以按专业特点分为设计人员、工艺人员、计划人员、财会人员、统计人员等。

③技术分工。技术分工是指每一专业内部按业务能力和技术水平进行的分工。例如，技术人员可分为助理技术人员、技术员、助理工程师、工程师和高级工程师。

（2）劳动协作

劳动协作就是将各方面、各环节的劳动组织起来，相互配合，协同劳动。作业组是最基本的协作关系和协作形式，它是在劳动分工的基础上，把为完成某项工作而相互协作的有关人员组织起来的劳动集体。

3. 任务指派

在劳动组织过程中，组织为了提高人力资源资源配置的有效性，可以采用运筹学的数量分析方法。例如，在解决员工任务指派问题时，普遍采用的匈牙利法，就是实现人员与工作任务配置合理化、科学化的典型方法。

在应用匈牙利法解决员工任务合理指派问题时，应当具备两个约束条件：一是员工数目与任务数目相等；二是求解的是最小化问题，如工作时间最小化、费用最小化等。

4. 工作地组织

工作地组织就是在合理分工协作的基础上，使工作范围内的劳动者、劳动工具与劳动对象的关系达到最优的组合。工作地组织的基本内容包括合理装备和布置工作地，保持工作地的正常秩序和良好的工作环境，正确组织工作地的供应和服务工作。

（三）时间配置

对于组织来说，时间配置的主要任务是建立工作班制，组织好工作轮班及合理安排工时制度。工作班制有单班制和多班制两种。工作轮班是指在实行多班制生产条件下，组织各班人员按规定的时间间隔和班次顺序轮流进行生产活动的一种劳动组织形式，体现了劳动者在时间上的分工协作关系。

1. 工作班制

单班制是指每天只组织一班生产，组织工作比较简单，主要是促进不同工种之间的相互配合，充分利用工作班内的时间。多班制是指每天组织两班、三班或多班进行轮班生产。实行单班制还是多班制，主要取决于生产活动的特点和规律。工艺过程不能间断进行的，例如发电、化工、石油、冶金等行业的主要生产过程要求连续生产，必须实行多班制。而工艺过程可以间断的行业，可根据生产的任务、经济效益和其他生产条件而定。一般来说，实行单班制不利于厂房、机器设备的充分利用，但员工的工作生活有规律，有利于人的身心健康，劳动组织任务也比较简单。而实行多班制有利于充分利用机器设备，缩短生产周期，合理使用劳动力，但需要组织工作轮班，组织任务较为复杂。

2. 工作轮班

工作轮班是指在生产作业工作日内，为保证作业活动的协调持续进行，组织不同生产班次进行生产作业的形式。不同组织需要根据自己的工艺特点、生产任务、人员数量及其他相关生产条件，选择不同的轮班组织形式，如两班制、三班制和四班制等。

工作轮班要兼顾生产效益和员工的利益，尊重员工心理、生理特点。一般来讲，安排轮班须处理好以下三个问题：一是合理配备各班人员力量，平衡数量与素质，保证各班生产的相对稳定；二是合理安排倒班和轮休；三是加强组织管理。

第三节　人力资源培训的内涵与需求分析

一、人力资源培训的内涵

随着社会的快速发展，全球经济正在加速融入市场化、知识化、信息化和一体化的进程，市场竞争也在加剧。竞争力的强弱归根结底取决于所拥有人才的数量与质量，而培训管理是提高人力资源整体素质的重要手段。

培训是人力资本的一种形式，是组织为了提高员工能力和组织绩效，通过促进员工知识和技能的提升，激发和改善员工的态度与动机，进而影响员工的工作行为等制度、流程和技术的集合。

培训的作用主要表现在以下两个方面：

一方面，增进员工的知识和工作技能，提高工作过程中的员工效率，改变员工的工作态度和动机，增强员工忠诚度和对组织的认同感，增强员工的市场竞争能力，提高员工就业的安全性。

另一方面，减少员工完成不同任务所需要的时间和精力，增加员工的工作绩效进而提高组织绩效，建立优秀的形象文化，使员工的价值观与组织价值观保持一致，增强组织的人才竞争优势，促使组织变革，使组织更具有灵活性和生命力。

二、人力资源培训的重要意义

培训管理是组织为有效提高员工业绩和组织绩效而采取的计划性、系统性的各种努力，使得员工获得与工作相关的知识、技能或者改进与工作相关的动机、态度和行为的过程。外部环境快速变化迫使组织开始关注并重视培训管理，这是因为越来越多的组织意识到培训有着不可忽视的作用。

人才是组织最重要的资源。对于组织而言，如何把"人"变成"人才"关系到长远发展。尤其在当今复杂多变的社会里，组织要想持续长久地存在，管理培训就必不可少，甚至至关重要。

人力资源培训的重要意义主要体现在：管理培训关乎人才战略和技术进步、管理培训使人员流动更加合理化、管理培训有利于减小经济全球化和跨国业务的阻力等方面。

三、培训需求分析

（一）培训需求分析的含义及内容

培训需求分析或需求评估，是指在规划与设计培训之前，由有关人员采取各种方法和技术，对各种组织及其成员的目标、知识、技能等方面各个系统的鉴别与分析，以确定是否需要培训及培训内容的一种活动或过程。

培训需求分析是整个培训系统设计的首要环节，是现代培训的出发点和归宿点。ISD（Instructional Systems Design）模型——培训系统设计模型是重要的现代培训分析工具。培训课程设计和开发、培训实施及培训的评价都是以培训需求分析为基本依据的。

培训需求分析的内容包括以下三方面：

1. 全体员工基本情况分析

作为培训的对象，员工基本情况的分析是培训需求分析的首要内容。

①有多少人需要参加学习、培训？②他们各自需要参加什么类型的培训？各种类型学习的人员分布情况、数量？③预备受训对象的职务、工作岗位及工作经历情况如何？④他们的年龄、性别、学历等背景情况如何？⑤他们在工作中获得过哪些成功或受到过何种挫折及失败？⑥岗位工作的实际需要与任职者之间能力的差距到底有多大？

2. 学员知识、技能和态度的分析

①学员对将要培训的内容的了解和熟悉程度？②学员以前所学的知识、技能有多少能应用与实践？③学员对教师和培训机构的了解程度？④学员对待培训的期望、态度是什么？⑤还有什么特殊的需要希望通过培训予以满足？

3. 培训环境因素的分析

①领导是否支持他们参加培训？②他们对参加培训学习有什么顾虑和具体困难？③培训机构及开设的课程内容能否满足学习者的需求？④培训对组织和个人的发展是否具有积极的意义？⑤学员所在单位对这次培训有什么期望？能否满足这种期望？

（二）培训需求分析的参与者

1. 高层决策者

高层决策者从发展战略考虑培训需求问题，能从宏观上把握培训与其他人力资源活动（如招聘、薪资等），他们可以判断哪类培训、哪些人掺假培训与经营战略相关。

2. 人力资源管理人员

培训需求分析的整个工作是由人力资源部主持的，同时他们对每个岗位的要求和变化也是最清楚的，并掌握着大量员工技能、水平的资料。

3. 员工的上级

作为员工的直接管理者，他们对员工的优缺点比较清楚，能帮助人力资源部门明确培训目标和培训内容，并亲自督促执行。

4. 外部培训专家

专家具有丰富的经验和深厚的知识，他们对问题的看法往往颇有见地，因此向专家请教，无疑会得到一些启示。

5. 员工本人

培训的对象就是针对每位员工，本着促进员工职业发展的原则，了解他们的学习需要并制订相应的培训项目计划，将有助于培训得到员工的支持和欢迎，并取得理想的效果。

（三） 培训需求分析的流程及模式

为了确保培训工作的针对性和实用性，进行需求分析时，第一步是要准确、客观地收集培训需求信息；第二步是结合组织分析、任务分析、人员分析或工作分析、绩效分析的内容和结果，对收集的培训需求信息进行分析；第三步是对分析后的培训需求结果进行确认；第四步是在培训过程中对培训需求结果进行调整和修正。

培训需求分析是一个复杂的系统，涉及人员、工作、组织及其所处的环境。组织、工作和人员三个层面的培训需求分析构成了此模式的主体部分。

1. 组织层面的培训需求分析

组织层面的培训需求分析（组织分析）是指通过对组织经营发展战略的分析，确定相应的培训，为培训提供相应的资源及管理者和同事对培训活动的支持。组织层面的需求分析通常由组织来完成，目的是更好地认识组织的特征，以确定什么地方需要培训，以及这些工作完成的背景条件。

组织层面培训需求的产生包括以下六方面：

①新员工的加入。招聘新员工，都需要进行培训。新员工可能需要特定的技

能，即使已经掌握了所需技能，也需要对他们进行指导以满足本公司的工作要求，或者需要培训新的班组长来管理日益增长的员工队伍。

②改进工作业绩。改进工作业绩能够保持竞争力，改进业绩的需要总是存在，问题是对培训的投入是否会产生足够的回报，可以通过很多方式确定培训是否可以改进工作业绩。

③提升和晋级。员工最关心的事情之一是获得升职的机会，新的职责通常需要新的技能，而这需要通过培训来获得。

④新市场和新业务。开拓新的市场或从事新的业务，需要培训员工了解新的市场或产品，以及如何在新的环境中进行销售，或者培训生产和服务部门的员工如何生产新产品、提供新服务。

⑤新技术、新系统或新程序。技术可以为某一类问题提供解决办法（如减少对客户质疑的反应时间），但同时会引起另一类问题（如强迫员工学习如何使用新技术）。在引进一项新技术时，就要对员工进行培训，以使他们能够最有效地使用这种技术。

⑥解决问题。培训是让员工学会如何解决新问题、迎接新挑战的最佳方式。如果由班组参与解决问题，培训是提高班组工作效率的关键步骤。

2. 工作层面的培训需求分析

工作层面的培训需求分析（工作分析）是指通过查阅工作说明书或具体分析完成某一项工作需要哪些技能，了解员工有效完成该项工作必须具备的条件，找出差距，确定培训需求，弥补不足。培训需求的工作分析目的在于了解与绩效有关的工作详细内容、标准和完成该工作应具备的知识、技能。

工作层面需求分析的步骤包括以下五方面：

①通过工作分析，撰写详细的工作说明书。

②确定工作中包含的具体任务（工作任务、执行标准、实际绩效的变动范围等）。

③明确知识、技能、态度及其他素质特征等任职条件。

④确认能够通过人力资源培训与开发得到改进的任务、知识、技术、能力。

⑤将上一步骤确认的培训需求按照重要性进行排序。

3. 人员层面的培训需求分析

人员层面的培训需求分析（人员分析）是指评估执行特定工作的员工，其执行各项任务的情况，其所具备的知识、技术、能力是否足够。人员分析必须根据工作分析的结果，对照各项工作应有的绩效标准，衡量工作执行者的绩效水平，找出现状与标准的差距，以确定培训对象及其培训内容和培训后应达到的效果。

人员层面需求分析的内容：员工的知识结构、员工的专业（专长）、员工的年龄结构、员工的能力、员工的个性等。此外，员工的工作学习环境也是非常重要的。它主要包括工作条件、学习氛围、绩效标准、奖励制度、信息反馈等。员工对培训的态度即员工对参加培训的看法，对培训的重视程度和信心，学习的观念、建设性的建议等，也是其中的一项内容。

人员层面需求分析解决的问题：①培训谁？谁最需要得到培训（先后顺序）？②培训什么？③培训目标效果？④培训日期和期限？⑤由谁来实施培训？⑥培训在哪里进行？⑦谁为培训承担费用？上述问题可以通过人员情况调查表等方式进行了解。

第四节　人力资源培训计划的制订、评估与成果的转化

一、人力资源培训计划的制订

培训计划是在培训需求分析的结果上建立起来的，是根据组织对未来人的培训需求状况预测后，专门制订的组织今后一段时期培训活动的方案。培训计划应包括培训目标、培训方式、课程描述、培训组织过程及成本费用预算等项目。实际上，培训计划是培训实施整体过程的体现。

（一）确定培训目标

培训目标是根据培训需求分析确定的关于培训的必要性及期望达到的培训效果的总体概括。培训目标指明了培训的方向，并为培训的具体操作及评估提供依据。培训目标应简明扼要，与组织及员工的实际情况相符，并具有一定的前瞻性；在具体设计上，可以根据时间长短不同，体现为不同层次、不同时期的目标体系。

（二） 进行课程描述

课程描述是培训目标的具体化和细化过程，在培训中，需要根据培训目标设计出具体的培训项目，包括课程名称、学习方式、学时安排、教学方法、任课教师、培训大纲、培训教材及辅助设备等。课程描述需要将培训的总体计划或分层计划实施的细节以简单明了的文字或图表形式表现出来。

（三） 选择培训方法

在培训中，有多种培训方式和方法可供选择，如课堂教授法、案例分析法、研讨法、角色扮演、互动小组法、人格拓展训练等。组织根据拥有的资源、受训人员的实际情况采取其中的一种方法或几种方法的组合，以保证培训达到最佳的效果。一般来说，由于公职人员大多具有较为丰富的理论知识和实践经验，因此在培训中选择互动性、参与性较强的方法更适合。

（四） 制定培训控制措施

为保证培训工作的顺利实施，控制措施是必不可少的。培训控制应包括费用控制、培训效果跟踪、员工行为约束、培训秩序保证等。

二、人力资源培训效果的评估与成果的转化

（一） 人力资源培训效果评估

培训效果评估是对受训者所获得的知识、技能运用到实际工作中的效果进行评价的过程。培训效果可能是积极的，也可能是消极的。评估的目的主要在于了解培训项目是否达到了原定的培训目标和要求，进一步明确受训者是否有收获，并为改善日后的培训打好基础。所以，培训效果评估是培训管理中不可或缺的部分。对于公共部门而言，培训是组织的一项人力资本投资活动，需要大量的时间和财政投入，因此，必须考虑投入产出之间的关系。

1. 投入产出分析模型

在私营部门的培训效果评估中，培训的支出与收益之间的比例关系是用于衡

量和评价培训成果的重要标准和常用方法。在具体操作中，可以用培训的投资回报率来予以评价：

$$培训的资本回报率 = \frac{(收益 - 成本)}{成本} \times 100\%$$

其中，成本包括直接成本和间接成本，如受训者的工资、教师的报酬、教育设备费用、管理成本，以及由于培训而不能正常工作造成的机会成本等。收益则包括劳动生产率的提高、产品质量改善、销售量增加、生产成本和事故率降低、利润增长等方面。对于收益的评价也可以从直接收益评估和间接收益评估两个方面进行。

投入产出模型作为一种量化分析方法，能够清楚地表明组织培训成本与收益之间的数量关系，对于资金成本控制具有重要的作用，因此运用得十分广泛。由于公共部门很难取得具体的效益指标，所以使用起来有些难度。

2. 柯氏评估模式

这是在公共部门最为常用的培训效果评估模型。柯氏模型由美国威斯康星大学教授柯当纳（Kodonna）提出，他将培训效果评估从四个层面展开。

①反应。这是评估的第一个层次，主要了解受训者对于培训内容、科目、形式等的反应，一般通过培训结束后的调查问卷获得。

②学习。这是评估的第二层次，是对培训效果的量化评估，目的在于检查受训者掌握培训知识的情况。学习的测定可以通过考试进行，对一些技术性较强的工作，也可以通过实地操作来进行考查。主要是了解受训者经过培训之后是否掌握了更多的知识或学到了更多的技能，对于态度培训的学习效果则可以通过情景模拟或者是在培训后的观察予以考核。

③行为。在测定反应和学习成果时，培训效果的得分往往较高，但实际工作中员工的行为可能并未发生改变。为了达到培训成果转化的最大化，对行为的评估是十分重要的。一般在培训结束后的一段时间，管理者应该组织相关人员对培训的行为效果进行测量。行为变化可以由受训者的上级、下级、同事、服务对象等共同完成评价，主要测定受训者在受训前后行为是否有所改善，是否运用了所学的知识、技能和态度等。

④组织。目的在于将培训的效果提升到组织的高度，即衡量培训是否有助于

组织整体绩效的提高或改善。组织层次的评估可以通过员工流动率、出勤率、服务质量、工作效率等指标予以测定。

柯氏模型通过对学员的反应、学习结果检查、工作表现对比和组织绩效改变逐级对培训结果进行由浅入深的分析，来衡量培训的近期和远期成效。这种测量模式不仅适用性广，性质不同的组织可以根据实际情况选择不同的指标体系，而且还能发现培训对实现组织目标和战略是否真的做出了贡献，同时还可以暴露出培训与实际工作所需之间可能存在的问题。有许多专家认为，一个真正有意义的培训，至少要经过三到四个层次的评估后才可以确立。

（二）培训成果转化的方法

组织要想获得培训后的积极效果，就要促进培训成果的转化和迁移，可以从以下四方面促进培训成果转化。

1. 采取激励措施提高受训者动机

人的一切行动都是由某种动机引起的，动机是一种精神状态，它对人的行动起激发、推动、加强的作用。受训者的动机会直接影响受训者的学习效果的好坏。有效的激励能点燃员工的激情，促使他们学习和工作的动机更加强烈，并将潜在的巨大的内驱力释放出来。因此，组织要采取有效的激励措施来提高受训者动机。

2. 改进培训项目设计环节

为了加速培训成果的转化，操作层在进行培训项目设计时应充分考虑工作环境特征、学习环境及受训者特点等对成果转化的影响，根据有利于成果转化的理论，设计培训方案和让受训者培训转化的环境，尽量使受训者将所学技能顺利地转化到工作中去。

改进培训项目设计环节能提高受训者的培训效果，也能提高培训成果转化的成功率。组织可以通过三个方面来改进培训项目设计：首先，尽量设置与工作情境相同的培训条件。其次，培训师要让学员掌握如何将培训所学知识和技能运用于实际工作的原理和方法。最后，公开受训者的行动计划承诺书并编写受训者的行为手册。行动计划承诺记录下来，以便受训者工作时查找和翻阅。

3. 建立有效的培训前沟通、培训后反馈机制

有效的沟通能增强培训效果，成功的培训离不开有效的沟通。在培训前，应

该向受训者表述培训的目的、培训的内容和培训预期想达到的效果。在培训过程中，受训者与培训师、受训者与受训者、受训者与主管之间也应保持良好的沟通。在员工热情地参与培训之后，培训负责部门有义务将员工的培训成绩、评价结果通过书面材料、会议或网络等方式反馈给他们，让员工了解自己的参与是否发挥了应有的作用，同时还可帮助员工进一步了解培训目标和所期望的绩效水平。快速有效的反馈机制也可以使高层和培训部门既能照顾到整体问题，又能及时了解一些重要的细节，从而增强培训效果。

4. 明确各关键人员责任，营造有利于培训效果转化的环境

在培训前、培训中和培训后分析关键人员在整个培训里要做的事情，明确关键人员在培训效果转化中的作用，建立有利于培训效果转化的人员环境和氛围。

员工培训后返回工作岗位，会尝试着将培训内容应用于实际工作中。良好的有利于培训效果转化的环境会加强培训内容在工作中应用的概率和成功率。因此，构建良好的有利于培训效果转化的工作环境是重要的且必不可少的。组织可以从营造浓厚的转化氛围、提高管理者支持程度、提高同事支持等不同的方面来营造良好的工作环境。

第五章 人力资源绩效与薪酬福利的管理

第一节 绩效管理的概述及实施过程

一、绩效管理概述

（一）绩效的含义和特点

绩效管理是围绕绩效提高所展开的一系列管理活动，所以要理解绩效管理，首先要理解绩效的含义及其特点。一般来说，可以从组织、团体和个人三个层面给绩效下定义，层面不同，绩效所包含的内容、影响因素及其测量方法也不同。

1. 绩效的含义

关于绩效的含义主要有两种不同的观点：一种观点认为绩效是结果，是工作的成果；一种观点认为绩效是行为，是为了完成工作目标所展开的一系列相关行为。在绩效管理的具体实践中，工作的成果和工作的行为过程是很难截然分开的，所以要从综合的角度来理解绩效的含义。

所谓绩效，就是指员工在工作过程中所表现出来的与组织目标相关的并且能够被评价的工作业绩、工作能力和工作态度，其中工作业绩是指工作的结果，工作能力和工作态度则是指工作的行为。要理解这个含义，应当把握以下四点：

第一，绩效是基于工作而产生的，与员工的工作过程直接联系在一起，工作之外的行为和结果不属于绩效的范围。

第二，绩效要与组织的目标有关，对组织的目标应当有直接的影响作用，例如员工的心情就不属于绩效，因为它与组织的目标没有直接的联系。由于组织的目标最终都会体现在各个职位上，因此与组织目标有关就直接表现为与职位的职责和目标有关。

第三，绩效应当是能够被评价的工作行为和工作结果，那些不能被评价的行为和结果不属于绩效。例如，员工工作时的专注程度就不能直接作为绩效来使用，因为它很难被评价。

第四，绩效还应当是表现出来的工作行为和工作结果，没有表现出来的就不是绩效。这一点和招聘录用时的人事测评是有区别的，人事测评的重点是可能性，也就是说要评价员工是否能够做出绩效，而绩效考核的重点则是现实性，就是说要评价员工是否做出了绩效。

2. 绩效的特点

（1）多因性

多因性就是指员工的绩效是受多种因素共同影响的，并不是哪一个单一的因素就可以决定的。绩效和影响绩效的因素之间的关系可以用一个公式来表示：

$$P = f(K,\ A,\ M,\ E)$$

在这个关系式中，f 表示一种函数关系；P（performance）就是绩效；K（knowledge）就是知识，指与工作相关的知识；A（ability）就是能力，指员工自身所具备的能力；M（motivation）就是激励，指员工在工作过程中所受的激励；E（environment）就是环境，指工作的设备、工作的场所等。

（2）多维性

多维性就是指员工的绩效往往体现在多个方面，工作结果和工作行为都属于绩效的范围。例如一名操作工人的绩效，除了生产产品的数量、质量外，原材料的消耗、出勤情况，与同事的合作及纪律的遵守等都是绩效的表现。因此，对员工的绩效必须从多方面进行考察。当然，不同的维度在整体绩效中的重要性是不同的。

（3）变动性

变动性就是指员工的绩效并不是固定不变的，在主客观条件发生变化的情况下，绩效是会发生变动的。这种变动性就决定了绩效的时限性，绩效往往是针对某一特定的时期而言的。

（二）绩效管理的含义

绩效管理就是制定员工的绩效目标并收集与绩效有关的信息，定期对员工的绩效目标完成情况做出评价和反馈，以改善员工工作绩效并最终提高组织整体绩效的制度化过程。

1. 绩效管理的内容

绩效管理是由绩效计划、绩效沟通、绩效考核和绩效反馈四个阶段组成的一个循环的过程。

（1）绩效计划的定义

绩效计划就是组织与员工一起共同确定绩效目标，对绩效目标的实现进行讨论并达成一致的阶段。绩效计划是每个绩效管理循环周期的开始。

（2）绩效沟通的定义

在实现绩效的过程当中，通过上级和员工之间持续的沟通来预防与解决员工实现绩效时可能发生的各种问题的过程。

（3）绩效考核的定义

绩效考核有时也叫绩效考评、绩效评价，它是绩效管理的一个核心环节，指的是对员工在其工作岗位上的工作行为表现和工作结果方面的信息情况进行收集、分析与评价的阶段。在实践当中，往往有一种误解，认为绩效考核就是绩效管理。实际上，绩效考核只是绩效管理的一个组成部分，一个必不可少的阶段而已。

（4）绩效反馈的定义

在一个绩效管理周期结束时，在上级和员工之间进行绩效考核面谈，由上级将考核结果告诉员工，指出员工在工作中存在的不足，并和员工一起制订绩效改进计划，开始下一个绩效管理周期的阶段。

2. 绩效管理的目的

由绩效管理的定义可以看出，实施绩效管理的根本目的不是为了将员工分出优劣等级，更不是为了奖优罚劣，其根本目的是改善员工的工作绩效，最终提高整体绩效。

3. 绩效管理的责任

绩效管理虽然是人力资源管理的一项重要职能，但这绝不意味着绩效管理就完全是人力资源管理部门的责任，人力资源管理部门只是协助员工的上级管理者进行绩效管理。每个管理者都必须肩负起帮助员工改进绩效并最终提高所在部门的整体绩效的重要责任。只有员工的上级真正了解员工的工作情况，最能发现员工工作过程中存在的问题和不足，真正有资格帮助员工有针对性地改进绩效。而人力资源管理部门只是在绩效管理过程当中协助做一些常规性的工作，比如按要求制定考核表格、组织考核会议、收集考核信息等。

（三）绩效管理与其他人力资源管理职能的关系

作为人力资源管理系统的核心，绩效管理与人力资源管理的其他职能活动之间存在着密切的关系，对其他职能活动的开展有着非常重要的影响。

1. 与工作分析的关系

对员工考核的内容就意味着组织希望员工在哪些方面努力，也就是说，考核什么就会得到什么，在绩效管理过程中，考核内容是由员工所在岗位的工作内容决定的，而员工的工作内容很大程度上都是来自工作分析所形成的工作说明书。借助工作说明书来设定员工的绩效目标，可以使绩效管理工作更有针对性，工作分析也就成为绩效管理的基础性工作了。

2. 与人力资源规划的关系

绩效管理对人力资源规划的影响主要表现在人力资源质量的预测方面，借助于绩效管理系统，能够对员工目前的知识和技能水平做出准确的评价，还可以为人力资源需求质量的预测提供有效的信息。

3. 与招聘的关系

绩效管理可以帮助组织提高招聘的质量，优化招聘的渠道，通过对员工的绩效进行评价，能够对不同的招聘方法和招聘渠道做出比较，对招聘方法和招聘渠道做出优化。同时，招聘录用对绩效管理也有影响，如果招聘录用的质量比较高，员工在实际工作中就会表现出良好的绩效，这样就可以大大减轻绩效管理的负担。

4. 与培训开发的关系

绩效管理与培训开发也是相互影响的。通过对员工的绩效进行评价，可以发现员工能力、经验甚至态度上有哪些欠缺，这些欠缺的部分正是培训开发的目标所在；同时，通过针对性的培训开发，也可以提高员工的工作能力，端正员工的工作态度，从而提高其工作绩效。

5. 与薪酬管理的关系

绩效管理对员工工作过程和工作成绩进行了客观评价，薪酬管理是要对员工的贡献给予肯定。只有将绩效管理的客观结果与薪酬管理密切结合，才能体现组织的客观公平性，也才能真正激励员工为组织目标做贡献。

6. 与人员调配的关系

组织进行人员调配的目的就是为了实现员工与职位的相互匹配。通过对员工进行绩效考核，一方面可以发现员工是否适应现有的职位；另一方面也可以发现员工适宜从事哪些职位。

二、绩效管理实施过程

绩效管理的实施过程按照先后顺序分为四个阶段：准备阶段、实施阶段、反馈阶段和应用阶段。在实践当中，这四个阶段并不是严格分离的，而往往是相互影响、共同推进的。

（一）准备阶段

准备阶段是整个绩效管理过程的开始，这一阶段主要是制订绩效计划，确定员工的绩效考核目标、考核周期以及相应的考核方法，为顺利开展绩效管理奠定基础。

1. 绩效考核目标

绩效考核目标，或者叫作绩效目标，就是组织希望员工达到的工作目标，是对员工在绩效考核期间的工作任务和工作要求所做的界定，这是对于员工进行绩效考核时的参考系。绩效目标由绩效内容和绩效标准组成。

（1）绩效内容

绩效内容界定了员工的工作任务，也就是说员工在绩效考核期间应当做什么样的事情，它包括绩效项目和绩效指标两个部分。绩效项目是指绩效的维度，也就是说要从哪些方面来对员工的绩效进行考核。按照前面所讲的绩效的含义、绩效的维度，绩效考核项目包括工作业绩、工作能力和工作态度。

绩效指标也就是绩效考核的具体内容，它可以理解为对绩效项目的分解和细化，例如对于某一销售主管的职位，其业绩项目可以分解为销售额、销售费用、应收账款比例、坏账率等几项业绩考核指标；其工作能力项目可以分解为分析判断能力、沟通协调能力、组织指挥能力、开拓创新能力、公共关系能力及决策行动能力等六项具体的考核指标。

对于工作业绩，设定指标时一般要从数量、质量、成本和时间四个方面进行考虑；对于工作能力和工作态度，则要具体情况具体对待，根据各个职位不同的工作内容来设定不同的指标。绩效指标的确定，有助于保证绩效考核的客观性。确定绩效指标时，应当注意以下五点：

一是关键绩效指标（Key Performance Indicators，简称 KPI）原则。理论上，绩效指标的设计应当涵盖员工的全部工作内容，这样才能够准确体现对员工工作的全部要求，准确评价出员工的实际绩效。而实际上要使绩效指标面面俱到，体现员工对工作的所有要求是非常困难的，也是不现实的。这就要求在指标设计的时候，充分考虑组织在这一考核周期的具体要求，使考核指标能够体现该职位的最关键的要求。

二是绩效指标应当具体。就是说指标要明确地指出到底是要考核什么内容，不能过于笼统，否则考核主体就无法进行考核。

三是绩效指标应当明确。就是说当指标有多种不同的理解时，应当清晰地界定其含义，避免让不同的考核主体产生不同的理解。例如，对"工程质量达标率"这一指标，就有两种不同的理解，一是指"质量合格的工程在已经完工的工程中所占的比率"；二是指"质量合格的工程在应该完工的工程中所占的比率"。这两种理解就有很大的差别，因此应当指明到底是按照哪种含义来进行考核。

四是绩效指标应当具有差异性。这包括两个层次的含义：一是指对于同一个员工来说，各个指标在总体绩效中所占的比重应当有差异，因为不同的指标对员工绩效的贡献不同。例如，对于总经理办公室主任来说，公关能力相对就比计划能力要重要。这种差异是通过各个指标的权重来体现的。二是指对于不同的员工来说，绩效指标应当有差异，因为每个员工从事的工作内容是不同的，例如销售经理的绩效指标就应当和生产经理的不完全一样。此外，即使有些指标是一样的，权重也应当不一样，因为每个职位的工作重点不同。

五是绩效指标应当具有变动性。这也包括两个层次的含义：一是指在不同的绩效周期，绩效指标应当随着工作任务的变化而有所变化；二是指在不同的绩效周期，各个指标的权重也应当根据工作重点的不同而有所区别，职位的工作重点一般由所在组织的工作重点决定。

（2）绩效标准

绩效标准明确了员工的工作要求，也就是说对于绩效内容进行界定，明白员工应当怎样做或者做到什么样的程度。绩效标准的确定，有助于保证绩效考核的公正性，否则就无法确定员工的绩效到底是好还是不好。

①绩效标准应当明确。按照目标激励理论的解释，目标越明确，对员工的激励效果就越好。因此，在确定绩效标准时应当具体清楚，不能含糊不清，这就要求尽可能地使用量化的标准。

要使绩效标准具体明确，首先尽可能量化绩效标准。量化的绩效标准应当这样来规定：第一，收到其他部门的人力资源需求后，在 5 个工作日内招聘到合适的人员；第二，员工的招聘成本应当控制在每人 150～200 元。此外，能力和态度方面的考核指标，往往很难量化或者量化的成本比较高，对于这些指标，明确绩效标准的方式就是给出行为的具体描述，从而使这一指标的绩效标准相对比较明确。

②绩效标准应当适度。按照目标激励理论的解释，目标太容易或太难，对员工的激励效果都会大大降低，因此绩效标准的制定应当在员工可以实现的范围内确定，就是说制定的标准要具有一定的难度，但是员工经过努力也是可以实现的。

③绩效标准应当可变。这包括两个层次的含义：一是指对于同一个员工来说，在不同的绩效周期，随着外部环境的变化，绩效标准有可能也要变化；二是指对于不同的员工来说，即使在同样的绩效周期，由于工作环境的不同，绩效标准也有可能不同。

对于绩效目标的设计要求，可将其概括为"明智"（SMART）原则。第一，绩效目标必须是具体的，以保证其明确的牵引性；第二，绩效目标必须是可衡量的，必须有明确的衡量指标；第三，绩效指标必须是可以达到的，不能因指标的无法达成而使员工产生挫折感，但这并不否定其应具有挑战性；第四，绩效目标必须是相关的，它必须与组织的战略目标、部门的任务及职位职责相联系；第五，绩效目标必须是以时间为基础的，即必须有明确的时间要求。

2. 绩效考核周期

绩效考核周期是指多长时间对员工进行一次绩效考核、考核周期过长或过短对组织发展都是不利的，由于绩效考核需要耗费一定的人力、物力，考核周期过短会增加组织管理成本，甚至干扰正常的管理工作；管理周期过长，则会降低绩效考核的准确性，不利于对员工工作的检查和督促。因此，在绩效管理的准备阶段，还应当确定出恰当的绩效考核周期。

绩效考核周期的确定，要考虑到以下三个因素：

（1）职位的性质

不同的职位，工作的内容是不同的，因此绩效考核的周期也应当不同。一般来说，职位的工作绩效比较容易考核，考核周期相对要短些。

（2）指标的性质

不同的绩效指标，其性质是不同的，考核的周期也应当不同。一般来说，性质稳定的指标，考核周期相对要长一些；相反，考核周期相对就要短一些。

（3）与管理周期相结合

在确定考核周期时，还应当联系管理实践，将考核周期与管理周期相结合。如很多单位都有月（季、年）计划会议、月（季、年）总结会议，将考核周期定为月（季、年），与其他管理相互配合，有利于提高管理效率，推动考核结果的广泛应用。

（二）实施阶段

准备阶段完成之后，就是绩效管理的实施阶段了，这一阶段主要是完成绩效沟通和绩效考核两项任务。

1. 绩效沟通

绩效管理的根本目的是通过改善员工的绩效来提高组织的整体绩效，只有每个员工都实现了各自的绩效目标，组织的整体目标才有可能实现。每一个管理者都必须肩负起帮助下属提高工作能力、端正工作态度和提升工作业绩的重要责任。

绩效沟通的过程就是管理的过程，是指在日常管理过程当中，或者说在整个绩效考核周期内，上级就绩效问题持续不断地与员工进行交流和沟通，给予员工必要的指导和建议，帮助员工实现确定的绩效目标。

2. 绩效考核

绩效考核就是指在考核周期结束时，选择相应的考核主体和考核方法，收集相关的信息，对员工完成绩效目标的情况进行评价。

（1）考核主体

考核主体是指对员工的绩效进行考核的人员，只有了解员工工作情况的人才有可能成为考核主体。所以，考核主体一般包括这样五类人员：上级、同事、下级、员工本人和客户。

①上级。上级直接对下级进行考核，这是大多数考核实践中普遍采用的方法，其优点是显而易见的，由于上级对员工承担直接的管理责任，因此他们通常最了解员工的工作情况；此外，用上级作为考核主体还有助于保证管理的权威，实现管理的目的。

②同事。由于同事和被考核者在一起工作，因此他们对员工的工作情况也比较了解；同事一般不止一人，可以对员工进行全方位的考核，避免个人的偏见。此外，还有助于促使员工在工作中与同事配合。同事考核比较适用于注重团队建设的情况。

③下级。用下级作为考核主体，优点是由于下级是被管理的对象，因此最了解上级的领导管理能力，能够发现上级在工作方面存在的问题；可以促使上级关心下级的工作，建立融洽的员工关系。下级考核比较适用于重视员工成长的情况。

④员工本人。让员工本人作为考核主体进行自我考核，优点是能够增加员工的参与感，加强他们的自我开发意识和自我约束意识，有助于员工对考核结果的接受。比如，一些科研人员，员工工作积极性很高，而其他人对员工的专业工作很不熟悉，这种情况下非常适合员工本人考核。

⑤客户。由员工服务的对象来对他们的绩效进行考核，这里的客户不仅包括外部客户，还包括内部客户。客户考核有助于员工更加关注自己的工作结果，提高工作质量。

由于不同的考核主体收集考核信息的来源不同，对员工绩效的看法也会有所不同。为了保证绩效考核的客观公正，应当根据考核指标的性质来选择考核主体，选择的考核主体应当是对考核指标最为了解的。由于每个职位的绩效目标都由一系列的指标组成，不同的指标又由不同的主体来进行考核，因此每个职位的评价主体也有多个。此外，当不同的考核主体对某一个指标都比较了解时，这些主体都应当对这一指标做出考核，以尽可能地消除考核的片面性。

（2）绩效考核结果的控制

一般来说，正常发展中的组织的考核结果应当符合正态分布的规律，组织可以按照正态分布的规律来检验考核结果是否正常，也可以提前设定员工绩效的等级比例。比如，可以按照下述比例原则来确定员工的工作绩效分布情况：绩效最高的15%；绩效较高的20%；绩效一般的30%；绩效低于要求水平的20%；绩效很低的15%。

当然，也可以按照四等分来分，并且赋予各部门比例分别为：20%、30%、30%、20%或者15%、35%、35%、15%等。这个比例不是固定的，组织高层管理者可以根据员工总体绩效水平的高低来确定这个比例关系。考核结束后，按照实际考核结果与事先确定的比例关系相比较，如果差别较大，应查找原因，可以调整某些考核指标的考核标准。

（三）反馈阶段

绩效反馈阶段主要是完成绩效反馈的任务，也就是说上级要就绩效考核的结果和员工进行面对面的沟通——绩效反馈面谈，指出员工在绩效考核期间存在的问题，并一起制订绩效改进的计划。为了保证绩效的改进，还要对绩效改进计划的执行效果进行跟踪。

1. 绩效反馈面谈的准备

（1）对员工的考核资料进行整理和分析

将员工本次考核结果与以前考核结果相比较，分析其进步和不足之处。

（2）给员工以充分的准备时间

至少提前一周通知员工，使其有时间对自己的工作进行审查，分析自己工作中所存在的问题，搜集需要提出的问题和意见。

（3）选择适当的面谈时间和地点

面谈往往需要指出员工工作的不足，提出改进建议，为了达到最佳效果，需要考虑合适的面谈时间和地点。一般来说，与基层操作类员工的面谈不应该超过1个小时，而与管理人员所进行的面谈则往往要花费2~3个小时。不仅如此，面谈地点应当具有相对的安静性，以免面谈被电话或来访者所干扰。

2. 绩效反馈应注意的地方

（1）绩效反馈应当及时

在绩效考核结束后，上级应当立即就绩效考核的结果向员工进行反馈，目的是要指出员工在工作中存在的问题，从而有利于他们在以后的工作中加以改进，如果反馈滞后的话，那么员工在下一个考核周期内还会出现同样的问题，这就达不到绩效考核的目的了。

（2）绩效反馈要指出具体的问题

绩效反馈是为了让员工知道自己到底什么地方存在不足，因此反馈时不能只告诉员工绩效考核的结果，而是应当指出具体的问题。

（3）绩效反馈要指出问题出现的原因

除了要指出员工的问题外，绩效反馈还应当和员工一起找出造成问题的原因，并帮助员工有针对性地制订出改进计划。

（4）绩效反馈不能针对人

在反馈过程中，针对的只能是员工的工作绩效，而不能是员工本人，避免伤害员工，造成抵触情绪，影响反馈的效果。

（5）注意绩效反馈时说话的技巧

由于绩效反馈是一种面谈，因此说话的技巧会影响反馈的结果。在进行反馈时，首先，要消除员工的紧张情绪，建立起融洽的谈话气氛；其次，在反馈过程中，语气要平和，不能引起员工的反感；再次，要给员工说话的机会，允许他们解释，绩效反馈是一种沟通，不是在指责员工；最后，该结束的时候一定要结束，否则就是在浪费时间。

（四）应用阶段

绩效管理实施的最后一个阶段是应用阶段，就是说要将绩效考核的结果运用到人力资源管理的其他职能中，从而真正发挥绩效管理的作用，保证绩效管理目的的实现。

绩效考核结果的应用包括两个层次的内容：一是直接根据绩效考核结果做出相关的奖惩决策；二是对绩效考核的结果进行分析，从而为人力资源管理其他职能的实施提供指导或依据。

第二节 绩效考核中的方式、偏差及纠错

一、绩效考核方式

（一）民意测验法

民意测验法就是请被考核者的同事、下级及有工作联系的人对被考核者从几个方面进行评价，从而得出对被考核者绩效的考核结果。

民意测验法在中国具有广泛的应用，它的优点是具有民主性、群众性，能够了解到广大基层员工，特别是与被考核者有直接工作联系的人员对干部的看法。如果某一位干部工作积极，很具有开拓性，对于组织绩效来说可能是做了很大的贡献，但是却很可能在这个过程中得不到多数人的理解和支持，甚至影响很多人的眼前利益。这样，他在民意测验法的评价中就难以得到比较好的评价。

民意测验法适用于进行群众工作的干部，比如企事业单位中的工会主席、工会干部、人力资源部门负责员工福利与劳动保护的干部等。

（二）共同确定法

最典型的共同确定法是各大学、科研部门都在采用的评价科学技术人员、教师的工作绩效，特别是评定职称中所采用的方法。这一方法的基本过程是：先由基层考评小组推荐，然后进行学科（专业）考核小组初评，再由评定委员会评议投票，最后由评定委员会审定。

这一方法的优点在于通过专家来进行评价，保证被考核人的水平、能力、素质等方面确实符合要求，得到比较公允的考核结果。在像评定职称这类很难用量化指标或行为因素来进行的考核中，这不失为一种可行的方法。

（三）要素评定法

要素评定法实际上是在等差图表法的基础上，经过两点改动而形成的。第一，考虑到不同的考核项目具有不同的重要性，因而考虑加权的因素，将不同的项目赋予不同的重要性，这个重要性是通过它们各自的分值范围体现的；第二，是为了更好地明确各考核要素之间的关系，更有条理地分清各考核因素之间的关系。

在实际执行中，一般由本人、上级、下级、同级各填一张表，再给各表赋予相应的权重，计算综合得分。它的优点是考核要素比较全面，并且考虑了加权，而且有不同的人员参加考核。在目前，要素评定法是应用最为普遍的考核方法。

（四）情境模拟法

情境模拟法是美国心理学家茨霍恩（Tshorn）等人首先提出的。情境模拟是为了适应当前很多管理和执行工作的开展而提出来的，工作越来越复杂，每一项任务的执行都需要多方面的素质和能力，而各不同任务所需要的素质和能力又是不同的。因此，单纯凭借远离工作的考试、测评无法全面考核出候选人是否能够适应工作。为此，可以利用仿真评价技术，通过计算机模拟、模拟现场等技术手段进行模拟现场考核，或者通过代理职务进行真实现场考核。

情境模拟法的优点是使被考核者真实地面对实际工作，能够表现出自己实际的水平。这种方法适用于关键岗位、特殊岗位的员工。

二、绩效考核中的偏差及纠错

（一）考核中的偏差

绩效考核是一种人对人的评价，虽然在实践中力求将绩效考核指标设计得客观，但仍然难免存在一些主观上的偏差而影响考核的结果。绩效考核中容易产生的偏差，一般有以下五种。

1. 晕轮效应

晕轮效应，也叫"哈罗效应"，就是指以员工某一方面的特征为基础而对总体做出评价，通俗地讲就是"一好遮百丑"。在绩效考核方面，这就意味着你对下属的某一绩效要素的评价较高，就会导致你对此人所有的其他绩效要素也评价较高，当评价对象是那些对评价人表现特别友好的员工时，这种问题是最容易发生的。

2. 对比效应

西方有句古老的谚语："不要跟在孩子和动物之后演出你的节目。"因为普遍的看法是观众都极为喜欢孩子和动物，在这种对比之下会降低你的节目效果，所以当从事同样工作的两个员工表现差别比较大的时候，考核人会倾向于给表现好的员工以比实际水平高的评价，给表现差的员工以比实际水平低的评价。

3. 投射效应

就是"以己之心，度人之腹"的判断错误，当被考核的员工某些特点与考核人相似的时候，"推己及人"，考核人会倾向于推断被考核员工其他特点也与自己相似，而忽视实际情况究竟是怎样的。

4. 近因效应

实际上每位员工都准确地知道何时安排对自己的绩效考核。尽管员工的某些行为可能并不是有意识的，但常常是在评价之前的几天或几周内，员工的行为会有所改善，劳动效率也趋于上升。对于评价者来说，最近行为的记忆要比遥远的过去行为更为清晰，这是很自然的事情。然而，绩效考核通常贯穿一个特定的时期，因此评价个人的业绩应当考虑其整个时期的业绩。

5. 首因效应

与近因效应相反，考核人对考核初期的员工表现记忆深刻，考核人根据员工起初的表现而对整个绩效考核周期的表现做出评价。例如，在刚布置考核工作的时候，大家都会对考核比较重视，员工在绩效周期开始时非常努力地工作，绩效也非常好，即使他后来的绩效并不怎么好，上级还是根据开始的表现对他在整个考核周期的绩效做了较高的评价。

（二）如何纠正考核中的问题

1. 选择正确的绩效考评方法

每一种考核方法都有其优点和不足，要根据组织实际情况给予取舍，建立和完善适合自己的指标考核体系，形成有效的方法组合。

2. 加强对考核主体的培训

使其重视考核，理解考核方法。对考核者进行相关培训，确保考核者对绩效考评中容易出现的问题及正确的做法都有清楚的了解，避免以上问题的出现。

3. 完善绩效考核制度

绩效考核的实施过程涉及目标设定、谁来进行绩效考评、什么时候进行、以何种方式进行等一系列问题，对于问题的详细规定应该体现在考核制度之中。

通过不断完善考核制度，使绩效考核深入组织的管理过程当中，在员工中引起足够的重视，有利于避免考核问题的出现，这些考核制度应主要包含以下内容：①绩效考核的原则；②绩效考核主体与权限；③绩效考核指标体系；④绩效考核过程的组织实施；⑤绩效结果的应用与反馈；⑥绩效考核制度的解释与修订。

第三节　薪酬福利管理的概述

一、薪酬的含义

在人力资源管理中，薪酬是一个界定比较宽泛、内容非常丰富的领域，从而导致不论是在理论界还是在实践当中，对于薪酬的看法和认识往往存在着较大的差异。因此，首先要澄清一下薪酬的具体含义。

最容易与薪酬发生混淆的一个概念就是报酬。报酬是一个广泛的概念，指的是作为个人劳动的回报而得到的各种类型的酬劳，一般可分为内在报酬和外在报酬两大类。

内在报酬通常是指员工由工作本身所获得的心理满足和心理收益，如决策的参与、工作的自主权、个人的发展、活动的多元化及挑战性的工作等。外在报酬则通常指员工所得到的各种货币收入和实物，它包括两种类型，一种是财务报酬；另一种是非财务报酬，如宽大的办公室、私人秘书、动听的头衔及特定的停车位等。

财务报酬又可以分为两类，一是直接报酬，如工资、绩效奖金、股票期权和利润分享等；二是间接报酬，如保险、带薪休假和住房补贴等各种福利。薪酬则是指员工从组织那里得到的各种直接的和间接的经济收入，简单地说，它就相当于报酬体系中的财务报酬部分。

员工的薪酬一般是由三个部分组成的：一是基本薪酬；二是激励薪酬；三是间接薪酬。基本薪酬指根据员工所承担的工作或者所具备的技能而支付给他们的较为稳定的经济收入；激励薪酬就是通常所说的奖金，是指根据员工团队或者组织自身的绩效而支付给他们的具有变动性质的经济收入，这两个部分合起来就相当于财务报酬中的直接报酬部分，这也构成了薪酬的主体；间接薪酬就是给员工提供的各种福利，与基本薪酬和激励薪酬不同，间接薪酬的支付与员工个人的工作和绩效并没有直接的关系，往往具有普遍性，通俗地讲就是"人人都有份"。

二、薪酬管理的含义

薪酬管理是指组织在经营战略和发展规划的指导下，综合考虑内外各种因素的影响，确定自身的薪酬水平、薪酬结构和薪酬形式，并进行薪酬调整和薪酬控制的整个过程。

薪酬水平指组织内部各类职位及组织整体平均薪酬的高低状况，它反映了组织支付的薪酬的外部竞争性。薪酬结构指组织内部各个职位之间薪酬的相互关系，它反映了组织支付的薪酬的内部一致性。薪酬形式则是指在员工和组织总体的薪酬中，不同类型的薪酬的组合方式。薪酬调整是指组织根据内外各种因素的变化，对薪酬水平、薪酬结构和薪酬形式进行相应的变动。薪酬控制指组织对支付的薪酬总额进行测算和监控，以维持正常的薪酬成本开支，避免给组织带来过重的财务负担。

全面理解薪酬的含义，需要注意以下三点：

第一，薪酬管理要在组织发展战略和经营规划的指导下进行，作为人力资源管理的一项重要职能，薪酬管理必须服从和服务于组织的经营战略，要为组织战略的实现提供有力的支持，绝对不能狭隘地进行薪酬管理。

第二，薪酬管理的目的不仅是让员工获得一定的经济收入，使他们能够维持并不断提高自身的生活水平，而且还要引导员工的工作行为，激发员工的工作热情，不断提高他们的工作绩效，这也是薪酬管理更为重要的目的。

第三，薪酬管理的内容不单是及时准确地给员工发放薪酬，这只是薪酬管理最低层次的活动。由薪酬管理的定义可以看出，薪酬管理涉及一系列的决策，是一项非常复杂的活动。

三、影响薪酬管理的主要因素

在市场经济条件下，组织的薪酬管理活动会受到很多因素的影响，为了保证薪酬管理的有效实施，必须对这些影响因素有所认识和了解。一般来说，影响组织薪酬管理各项决策的因素主要有三类：一是组织外部因素；二是组织内部因素；三是员工个人因素。

（一）组织外部因素

1. 国家的法律法规

法律法规对于组织的行为具有强制性的约束。一般来说，它规定了企事业单位薪酬管理的最低标准，因此实施薪酬管理时应当首先考虑这一因素，要在法律规定的范围内进行活动。

2. 物价水平

薪酬最基本的功能是保障员工的生活。因此，对员工来说更有意义的是实际薪酬水平，即货币收入（或者叫作名义薪酬）与物价水平的比率。当整个社会的物价水平上涨时，为了保证员工的生活水平不变，支付给他们的名义薪酬也要相应地增加。

3. 劳动力市场的状况

按照经济学的解释，薪酬就是劳动力的价格，它取决于供给和需求的对比关系，在需求一定的情况下，当劳动力市场紧张造成供给减少时，薪酬水平就应当提高；反之，就可以维持甚至降低薪酬水平。

4. 其他组织的薪酬状况

同一地区或同一行业其他组织的薪酬状况对组织薪酬管理的影响也是非常直接的，这是员工进行横向的公平性比较时，非常重要的一个参照系。当其他组织，尤其是竞争对手的薪酬水平提高时，为了保证外部的公平性，组织也要相应地提高自己的薪酬水平，否则就会造成员工的不满意甚至流失。

（二）组织内部因素

1. 组织的经营战略

在阐述薪酬管理的含义时，应当指出，薪酬管理应当服从和服务于组织的经营战略，在不同的经营战略下，薪酬管理也会不同。

2. 组织的发展阶段

组织处于不同的发展阶段时，其经营的重点和面临的内外环境也是不同的，因此在不同的发展阶段，薪酬形式也是不同的。

3. 组织的财务状况

薪酬是组织的一项重要成本开支，因此组织的财务状况会对薪酬管理产生重要的影响，它是薪酬管理各项决策得以实现的物质基础。良好的财务状况，可以保证薪酬水平的竞争力和薪酬支付的及时性。

（三）员工个人因素

1. 员工所处的职位

在目前主流的薪酬管理理论中，这是决定员工个人基本薪酬及薪酬结构的重要基础，也是内部公平性的主要体现。"职位"对"员工薪酬"的影响并不完全来自它的级别，而主要是职位所承担的工作职责及对员工的任职资格要求。随着薪酬理论的发展，由此衍生出另一个影响因素，那就是员工所具备的技能。

2. 员工的绩效表现

员工的绩效表现是决定其激励薪酬的重要基础。激励薪酬往往都与员工的绩效联系在一起，具有正相关的关系。总的来说，员工的绩效越好，其激励薪酬就会越高。此外，员工的绩效表现还会影响他们的绩效加薪，进而影响基本薪酬的变化。

3. 员工的工作年限

工作年限主要有工龄和司龄两种表现形式。工龄指员工参加工作以来整个的工作时间，司龄则指员工在本组织中的工作时间。工作年限会对员工的薪酬水平产生一定的影响，在技能工资体系下，这种影响更加明显。一般来说，工龄越长，在组织工作时间越长的员工，薪酬的水平相对也会高一些。

工龄的影响主要源于人力资源管理中的"进化论"，就是说通过社会的"自然选择"，工作时间越长的人就越适合工作；不适合的人，由于优胜劣汰的原则，会离开这个职业。工龄的影响则主要源于组织社会化理论，就是说员工在组织中的时间越长，对组织和职位的了解就越深刻，其他条件一定时，绩效就会越好。此外，保持员工队伍的稳定也是一个原因，司龄越长的薪酬水平相对就越高，这样可以在一定程度上降低员工的流动率，因为如果流动的话，就会损失一部分收入。

四、薪酬管理与人力资源管理其他职能的关系

为了加深对薪酬管理的理解，有必要将它置于整个人力资源管理系统中，从更加宽广的视角分析它与人力资源管理其他职能的关系。

(一) 薪酬管理与工作分析的关系

应当说，工作分析是基本薪酬实现内部公平性的一个重要基础，特别是在职位工资体系下，工作分析所形成的职位说明书是进行职位评价确定薪酬等级的依据，职位评价的信息大都来自职位说明书的内容。即使在技能工资体系中，工作分析仍然具有重要的意义，因为评价员工所具备的技能，仍然要以他们从事的工作为基础来进行。

(二) 薪酬管理与人力资源规划的关系

薪酬管理与人力资源规划的关系主要体现在人力资源供需的平衡方面。薪酬政策的变动是改变内部人力资源供给的重要手段。例如，提高加班工资的额度，可以促使员工增加加班时间，从而增加人力资源的供给量，当然这需要对正常工作时间的工作严格加以控制。

(三) 薪酬管理与招聘录用的关系

薪酬管理对招聘录用工作有着重要的影响。薪酬是员工选择工作时考虑的重要因素之一，较高的薪酬水平有利于吸引大量应聘者，从而提高招聘的效果。此外，招聘录用也会对薪酬管理产生影响，录用人员的数量和结构是决定组织薪酬

总额增加的主要因素。

（四）薪酬管理与绩效管理的关系

薪酬管理和绩效管理之间是一种互动的关系。一方面，绩效管理是薪酬管理的基础之一，激励薪酬的实施需要对员工的绩效做出准确的评价；另一方面，针对员工的绩效表现及时地给予他们不同的激励薪酬，也有助于增强激励的效果，确保绩效管理的约束性。

（五）薪酬管理与员工关系管理的关系

在劳动关系中，薪酬是最主要的问题之一，劳动争议也往往是由薪酬问题引起的，因此有效的薪酬管理能够减少劳动纠纷，建立和谐的劳动关系。此外，薪酬管理也有助于塑造良好的形象文化。首先，薪酬是进行文化建设的物质基础，员工的生活如果不能得到保障，文化建设就是一纸空文。其次，薪酬政策本身就是文化的一部分内容，如奖励的导向、公平的观念等。最后，薪酬政策能够对员工的行为和态度产生引导作用，从而有助于文化的建设。

第四节 基本薪酬、奖金及福利的管理

一、基本薪酬管理

（一）薪酬设计基本原理

1. 薪酬设计的理论假设

在人力资源管理中，组织如何确定员工所获得的薪酬，主要取决于员工对组织的价值和贡献，这种价值和贡献可以归结为员工的绩效。在绩效管理讨论中可以知道，一个员工的绩效，就是员工在工作过程中所表现出来的与组织目标相关的并且能够被评价的工作业绩、工作能力和工作态度。其中，工作业绩就是指工作的结果，工作能力和工作态度则是指工作的行为。从这个逻辑上讲，员工所获得的薪酬应该按照员工的绩效，即工作业绩、工作能力和工作态度来衡量，如果

直接按照业绩付酬，则成为以业绩为基础的薪酬体系；工作能力和工作态度是完成工作所必需的过程性要素，如果以这些因素为主来确定员工的价值，便成为以能力为基础的薪酬体系；业绩产生的过程就是工作的完成过程，胜任这些工作的员工能力是已经得到组织确认的，所以由组织安排在相应的职位上，如果以所处职位相关因素来确定员工的价值，便成为以职位为基础的薪酬体系。上述三种视角仅是从员工价值创造的内部角度来思考员工对组织的价值。除此之外，还可以从外部角度来确定员工的价值，即按照市场价值来付酬，这便是以市场为基础的薪酬体系。

在这几种不同的薪酬设计模式中，以职位为基础和以能力为基础的薪酬体系是最为基本的薪酬体系，而以市场为基础和以业绩为基础的薪酬体系的应用范围则相对较窄，并且往往依附于前两种基本的薪酬模式进行使用。

2. 薪酬支付的依据

所谓薪酬，在本质上是对员工为组织所创造的价值的一种回报，同时还兼有满足员工的内在需求，激励员工的工作积极性，传递组织的价值观等基本职能。因此，薪酬体系设计，必须在科学合理地评价员工为组织所创造的价值的基础上，对组织的经济价值进行科学的分配。而在如何衡量员工为组织所创造的价值时，在操作上存在着四种不同的衡量方式，于是便产生了薪酬设计四种不同的支付基础。

第一种是通过对员工的职位进行价值评价，即依据员工所承担的职责和承担职责所需要的任职资格等因素，来确定其为组织创造的价值，这便形成以职位为基础的薪酬体系。

第二种是通过对员工能力进行评价，即依据员工所具备的与工作相关的知识、技能、经验和胜任能力等因素，来确定其为组织创造的价值，这便形成了以能力为基础的薪酬体系。

第三种是通过对员工的业绩结果进行评价，即依据员工的关键业绩指标和关键行为、态度指标的完成情况，来确定其为组织创造的价值，这便形成了以业绩为基础的薪酬体系。

第四种则是借助于外部劳动力市场来对员工的价值进行评价，从而形成了以市场为基础的薪酬体系。

上述四种不同的薪酬支付基础往往在同一家组织中并存，即针对不同的职位类型和人员类型形成分层分类的薪酬体系。

3. 薪酬设计的模型

美国学者米尔科维奇（Milkovic）和纽曼（Newman）合著的《薪酬管理》一书中，提出了薪酬体系设计的模型，来概括薪酬设计时所需要考虑的主要方面，成为薪酬体系设计的基本原则。该薪酬设计模型包括三大部分：薪酬目标；薪酬设计的原则与政策；薪酬设计技术。

（1）薪酬目标

薪酬设计和管理的基本目标为效率、公平和合法。将效率目标进一步细化，可分为：①提高绩效、质量，取悦消费者；②控制劳动成本。

公平是薪酬设计和管理的基础。"公平对待所有员工"或"按劳分配"，这些表述反映了对公平的关注。因此，公平目标试图确保每一名员工获得公平的薪酬，它强调在设计薪酬制度时，既能体现员工的贡献，如支付业绩突出或经验丰富、训练有素的员工支付更高的薪酬；能满足雇员的需要，如支付公平薪酬，而且分配的工作程序公平。

程序公平与薪酬决策的过程有关。对雇员来说，这就意味着薪酬决策方式和决策结果同等重要。合法作为薪酬决策的目标之一，包括遵守各种全国性和地方性的法律法规，一旦这些法律法规发生变化，薪酬制度也应做相应的调整，以继续保持一致。

（2）薪酬设计的原则与政策

薪酬设计的原则与政策主要有：内部一致性、外部竞争性、激励性和管理可行性。所谓内部一致性，又称内部公平性，主要是指员工会感觉到，相对于同一组织中从事相同工作的其他员工、相对于组织中从事不同工作的其他员工、自己的工作获得了适当的薪酬。外部竞争性主要是通过外部相关劳动力市场界定、市场调查、建立薪酬政策线，并在此基础上调整薪酬结构来实现的。

激励性主要是强调将员工的报酬与业绩挂钩，根据绩效水平的高低来对薪酬进行调整。那么，从事相同工作、具有相同能力的不同员工可能就会由于绩效考核结果的差异，导致其获得的报酬出现较大的差异。激励性主要是通过绩效考核，并依据考核结果来确定激励方案而实现的。

管理上的可行性主要是指对薪酬体系必须进行科学的规划，以保证薪酬体系能够得以有效运行，确保前面三项目标的实现。管理上的可行性，主要包括计划、预算、沟通和评估等主要环节，一个组织通过建立起具有内部一致性、外部竞争性、激励性和管理可行性的薪酬体系，它就能够有效地吸引、激励和保留它所需要的员工，以实现组织的薪酬目标。

（3）薪酬设计技术

按照薪酬设计的原则和政策，实现薪酬目标的手段和方法，就是薪酬设计技术。简单来说，实现内部公平性主要是通过职位评价来实现的；实现外部竞争性主要是通过薪酬调查来实现的。实现内部公平性和外部竞争性是对组织基础工资体系设计的主要要求。另外，激励性的实现是通过对激励薪酬的设计达到的。

（二）基本薪酬调整

在组织的薪酬体系中，基本薪酬是基础的部分，对于大多数员工来说，这也是他们所获得的薪酬中最主要的部分。基本薪酬的设计，通常要考虑两个因素：一是内部公平性，这是通过职位评价来实现的；二是外部公平性，这是通过薪酬调查来实现的。下面以最常见的以职位为基础的薪酬体系为例对基本薪酬进行探讨。

1. 基本薪酬的设计流程

以职位为基础的工资体系（以下简称为"职位工资"），是根据每个员工所承担的职位的价值来确定其基础工资。因此，职位工资必须建立在工作分析和职位评价的基础之上。

（1）首先通过工作分析，形成每个职位的职位说明书

职位说明书的内容包括该职位的主要工作职责、业绩标准、任职资格、工作条件及工作特征，从而为职位价值评价提供关于各职位的基础性信息。

（2）在工作分析的基础上进行职位评价

职位评价是建立职位工资最主要的基础和前提。职位评价是通过采用一套标准化和系统化的评价指标体系，确定组织内部各职位相对价值大小的过程，职位评价的方法一般有四种：排序法、职位分类法、因素比较法和要素计点法。在实践当中，最常用的方法是要素计点法。

运用要素计点法进行职位评价，就是将需要进行评价的职位进行要素分解，然后对每个要素进行评分，最后汇总并进行不同职位间的比较。职位要素可以按照四个维度进行分解，即工作职责的大小、工作复杂性和难度的大小、任职资格要求的高低及工作环境条件的好坏，要素分解和评分都要依靠工作分析所提供的信息，即在职位评价时，必须参考职位说明书的相关内容。

（3）在准确界定相关劳动力市场的基础上，进行外部劳动力市场的薪酬调查

工作分析和职位评价仅是解决薪酬设计的内部一致性的基础，而要实现薪酬设计的外部竞争性，则还需要对各职位进行外部劳动力市场的薪酬调查，并将外部薪酬调查的结果和职位评价的结果相结合，形成反映各职位平均市场价值的市场薪酬线。

（4）确定组织的竞争性薪酬政策

组织的竞争性薪酬政策主要反映组织薪酬水平与外部劳动力市场薪酬水平相比较的结果。这种薪酬政策主要包括三种类型：领先型、匹配型和拖后型。根据组织的薪酬政策，组织对前面所得到的市场薪酬线进行修正，得到组织的薪酬政策线，从而为将职位评价的点值转换为具体的金钱价值提供依据。

（5）建立薪酬结构

前面的步骤所确定的每个职位的价值主要反映了其平均价值，而组织还需要根据从事相同工作的不同人员之间的绩效差异和资历差异来形成不同的薪酬，也就是要为每个职位等级建立起薪酬的"跑道"，包括每个职位等级的中点工资、最高工资和最低工资。这一过程就是形成组织薪酬结构的过程。

（6）建立薪酬结构的管理机制

薪酬结构建立之后，整个组织的薪酬框架就已经完成。这时候就需要建立对这样的薪酬结构进行管理的机制。它主要包括两个方面：一是现有人员和新员工如何进入这样的薪酬框架，即人员的入轨机制；二是如何根据业绩、能力和资历的变化及其他因素（比如通货膨胀）对人员的薪酬进行调整。建立管理机制是实现对薪酬的动态调整、完善薪酬结构的关键。

2. 市场薪酬调查及应用

薪酬设计中内部公平性的问题是由工作分析和职位评价来解决的。职位评价的结果确定了组织内部各个职位价值的相对大小，这就解决了内部公平性的问

题，但是单凭这一结果还不能确定各个职位具体的薪酬水平，这就需要借助薪酬调查来实现。薪酬调查是指收集同地区或同行业其他组织的薪酬信息，从而确定市场薪酬水平的过程。根据薪酬调查的结果，结合职位评价的结果和组织自身的薪酬策略，就可以确定出各职位具体的薪酬水平。

（1）薪酬调查的实施

第一，选择需要调查的职位。一般来说，薪酬调查是不可能针对所有职位来进行的，因此首先就要选择需要调查的典型职位，典型职位的确定主要是考虑调查的方便，应当选择那些在同地区或同行业中都普遍存在的通用职位作为典型职位。为了保证调查结果的准确，还需要对典型职位进行工作分析，形成职位说明书，因为有些职位的名称虽然一样或相似，但实际的工作职责却差别很大，如果不考虑工作的内容，调查的结果就会有很大的出入。

第二，确定调查的范围。选择出典型职位后，接下来就要确定调查的范围，就是说要确定在什么范围来收集相关的信息。由于薪酬调查的目的是保证薪酬水平的外部公平性，因此调查的范围应当根据职位的招聘范围来确定。不同类型的职位，调查的范围应当是不同的。

第三，确定调查的项目。虽然薪酬调查是为了确定职位的基本薪酬，调查的项目却不能只包括基本薪酬，因为有些组织给予某个职位的基本薪酬可能不高，但是激励薪酬和福利却很高，而员工进行薪酬比较时针对的往往是总体薪酬，因此调查的项目应当包括薪酬的各个组成部分，这样在确定基本薪酬水平时才会比较合理。

第四，进行实际的调查。前期的准备工作结束以后，就可以着手进行实际的调查。为了保证调查的效果，一般需要设计出调查问卷，问卷除了要包括薪酬方面的信息外，还应当包括组织本身和职位本身的一些信息。

第五，撰写薪酬调查报告。薪酬调查的最后是对调查结果进行分析，首先要删除那些无效的问卷，然后对有效的结果进行统计分析，确定市场薪酬的平均水平。

（2）薪酬曲线的建立

薪酬调查结束以后，将调查分析的结果和职位评价的结果结合起来，就可以建立组织的薪酬曲线，它是各个职位的市场薪酬水平和评价点数或者序列等级之间的关系曲线。也就是运用统计学的技术，把组织中每项职位评价得分与劳动力市场每个职业的工资率之间的关系归纳为线性回归的关系。

从理论上来讲，各个职位的市场薪酬水平和评价点数或者序列等级之间应当是一种线性关系，因此薪酬曲线一般都采用最小二乘法来进行拟合。如果将评价点数或者序列等级设为 X，市场薪酬水平设为 Y，就可以得出薪酬曲线的方程 $Y = bX + a$，将各个职位的评价点数或者序列等级代入方程，就可以得出它们的市场平均薪酬水平。

一般来说，薪酬调查的结果和职位评价的结果，即外部公平性和内部公平性是一致的，也就是说市场薪酬水平和评价点数确定的薪酬点都分布在薪酬曲线的周围。但是，有时也会出现不一致的情况，这时薪酬点就会明显地偏离薪酬曲线，这表明内部公平性和外部公平性之间出现了矛盾。当内部公平性和外部公平性不一致时，通常要按照外部公平性优先的原则来调整这些职位薪酬水平。否则，要么就是这些职位的薪酬水平过低，无法招聘到合适的人员；要么就是薪酬水平过高，组织承担了不必要的成本。

最后，组织还要根据自己的薪酬策略对薪酬曲线做出调整，由于上面所讲的薪酬曲线是按照市场平均薪酬水平建立的，因此如果组织实现的是领先型或拖后型工资策略，那么就应当将薪酬曲线向上或向下平移，平移的幅度取决于领先或拖后的幅度；如果是跟随型策略，薪酬曲线就可以保持不动。

3. 薪酬等级

从理论上来讲，薪酬曲线建立以后，基本薪酬的设计也就结束了，按照职位评价的结果，通过薪酬曲线就可以确定每个职位的基本薪酬水平。但是在实践当中，这种做法是不现实的，尤其是当组织的职位数量比较多时，针对每个职位设定一个薪酬水平，会大大提高组织的管理成本。因此，在实际工作中，还需要建立薪酬等级，以简化管理工作。

为了建立薪酬等级，首先需要将职位划分成不同的等级，划分的依据是按照职位评价的结果。每一个等级中的职位，其职位评价的结果应当接近或类似，如果使用的是要素计点法，就应当包括一定点值范围的职位。

职位等级划分的数量取决于多种因素，如内部职位的数量、职位评价的结果及薪酬政策等，但是一个基本的原则是应当能够反映出职位的价值差异。

职位等级确定以后，接着就要确定各个等级的薪酬变动范围，即薪酬区间。要确定薪酬区间的中值，某一等级的薪酬区间中值是由处于该等级中间位置的职位的薪酬水平决定的。

4. 基本薪酬调整的具体内容

基础工资体系虽然是相对稳定的，但是这并不意味着员工所获得的基本薪酬就不会发生变动。在一定的条件下，员工的基本薪酬也会做出调整，这种调整主要分为两个层次：一是整体性的调整；二是个体性的调整。

整体性的调整指按照统一的政策针对组织内部所有的员工来进行基本薪酬的调整，通俗地讲就是普调。而调整的原因则往往与员工个人没有关系，这些原因主要有以下几个方面：社会的物价水平发生变化、基本的生活费用发生变化、市场的平均薪酬水平发生变化、组织的薪酬策略做出调整、组织的经济效益发生变化等。

个体性的调整指针对员工个人来进行基本薪酬的调整，调整的原因大多都是由员工个人造成的，这些原因主要有以下几个方面：职位等级和技能等级的变化、工作绩效的好坏、工作的年限等。其中，最常见的是按照工作绩效的好坏进行基本薪酬的调整，即绩效调薪，下面重点介绍的就是绩效调薪的设计。绩效调薪，它是根据员工的绩效考核结果来对其基础工资进行动态调整，并将调整的结果作为下一个考核周期内的工资水平。

二、奖金、福利管理

（一）奖金体系设计

奖金是激励薪酬的重要形式，也是薪酬中十分重要的组成部分，它根据员工的工作绩效进行浮动，因此也称为可变薪酬。同样是对员工的工作绩效进行反映，相对于绩效调薪而言，它具有两个方面的优点：一是绩效调薪中薪酬的上升可能比较容易，但降薪实施起来相对较难。因此，绩效调薪往往是只升不降，最终会由于工资的刚性造成整个薪酬成本的大幅提升。而奖金则由于不累计计入基础工资部分，只一次性发放，在效益不好的情况下可以不再发放，因此不具有刚性，有利于控制其人工成本的膨胀。二是绩效调薪对于整个薪酬而言，其比例过小，即使绩效杰出的员工获得的绩效提薪也往往难以获得超过10%的提薪；另一方面，不同绩效水平的员工的提薪往往也难以拉开距离，因此提薪难以真正起到对员工的激励作用，而奖金却由于其基数相对较大，所以能够有效地对员工形成激励。

奖金根据其支付基础的不同可以分为组织奖励、团队奖励和个人奖励。组织奖励是以组织的整体业绩作为奖金支付的基础，团队奖励是以团队的整体业绩作为支付的基础，而个人奖励则是根据个人的业绩作为奖金发放的依据，下面将对两种不同的奖金发放方式进行介绍。

1. 组织奖励

组织奖励是根据组织的整体业绩来确定奖金发放的依据和标准，因此实施组织奖励计划的前提是要确定整个组织的关键业绩指标，然后根据这些关键业绩指标的完成情况来确定整个组织的奖金发放基数和实际的奖金发放额度。因此，组织的业绩衡量是组织奖励的关键。

（1）组织奖励的依据

传统的公司业绩衡量方法主要是对财务指标进行评价。比如，某公司在年初制定的利润目标为8000万元，如果在年终完成了利润目标，全体员工就分享公司利润的10%，即将800万元的利润作为组织奖励的基数。但由于财务指标仅反映了公司短期的经济成果，这些指标的良好表现并不能完全保证公司在战略上的长远成功。因此，现代公司的绩效评价指标体系，不再仅是对财务指标进行衡量，而是要求建立一套综合性的评价指标体系。

（2）组织奖励的对象和分配方式

组织奖励是根据组织的整体业绩来进行发放的，但参与组织奖励计划的人员往往并非全体员工，而是组织中那些能够对组织整体业绩产生直接影响的人员，他们往往包括组织的中高层管理人员和核心的技术人员、专业人员和业务人员。

但参与组织奖励计划的人员并非对奖金总额进行平均分配，而是仍然需要区分不同人员对组织业绩的贡献的差异。关于奖金如何在参与组织奖励计划的人员中进行分配，有几种不同的方式。

第一种方式是根据参与人员的职位评价点数进行分配，即人员 A 所获得的奖

$$\text{奖金} = \frac{\text{奖金总额}}{\text{参与人员的总的职位评价点值}} \times A \text{所在职位的职位评价点值} 。$$

第二种方式是根据参与人员的基础工资来进行分配，即人员 A 所获得的奖

$$金 = \frac{奖金总额}{参与人员的基础工资总额} \times A 的基础工资。$$

第三种方式是根据参与人员的职位等级来进行分配，比如参与人员分布于三个职位等级，其分配的相对比例为 1.2∶1∶0.8。那么，先用奖金总额除以总的分配人数，可以得到平均奖金。三个职位等级的人员分别得到平均奖的 1.2 倍、1 倍和 0.8 倍。

第四种方式是根据参与人员的绩效水平来进行分配，比如参与人员的绩效水平分布于 S、A、B、C、D 五个等级，其分配的相对比例为平均奖的 150%、120%、100%、80% 和 60%。

上述四种分配方式中，前三种主要考虑参与人员的职位和工作性质不同所造成的贡献差异，第四种方式则主要考虑参与人员的绩效差异所造成的贡献差异；根据实践经验来看，前三种方式往往在中国更为适合。

2. 团队奖励

团队奖励是根据组织、团队或者部门的业绩来进行奖金分配决策的一种方式。团队奖励计划主要有以下两种不同的模式，即利润分享计划和收益分享计划。

（1）利润分享计划

利润分享计划，即将公司或者某个利润单位所获得的利润或者超额利润的一部分在组织和员工之间进行分享的一种计划。在前面的组织奖励中，事实上已经用到了利润分享的思路来确定整个组织的奖金包。在这里再将利润分享作为公司内的某一利润实体的奖励计划来进行讲解。

一般来讲，利润分享的关键在于确定利润分享的额度，而这一比例的确定有三种方式。

第一种方式是以利润实体获得的总利润为基数，在组织和员工之间分享总利润的一定比例，比如拿出总利润的 5% 来奖励员工；第二种方式是采用超额利润分享的方法，即设定一个目标利润，将超过这一目标利润部分的一定比例来进行分享，如规定目标利润是 1000 万元，超过 1000 万元利润以上的部分在组织和员工之间以 7∶3 的比例来进行分享；第三种方式是采用累计分享比例的方法，即

规定若干个利润段，在不同的利润段，采取不同的分享比例，比如规定在 300 万元利润以内分享比例为 5%，在 300 万元到 600 万元之间分享比例为 10%，600 万元到 900 万元之间的部分分享比例为 15%，900 万元以上部分分享比例为 20%。

利润分享计划，着重在于引导员工关注利润实现，但由于它忽略了其他很多因素，所以常常导致员工过度追求短期利润，而忽视长期核心能力的培养。因此，现在很多组织在实施利润分享计划时，不仅是简单地根据利润的事项进行分享，而是在利润分享的基础上，结合其他关键指标的实现情况最终确定分享的奖金。这种方式和前面所讲到的组织奖励计划是一致的。

（2）收益分享计划

所谓收益分享计划是指将组织的成本节省在组织和员工之间进行分享的一种团队奖励方式。由于计算和分配组织的成本节约的方式不同，收益分享计划又主要包括三种方式：斯坎伦计划、拉克计划和分享生产率计划。

①斯坎伦计划。斯坎伦计划最早是在 20 世纪 20 年代中期由美国的工会领袖约瑟夫·斯坎伦（Joseph Scanlon）提出的劳资合作计划，就是以成本节约的一定比例来给员工发放奖金。操作包括以下四个步骤。

第一，确定收益增加的来源，通常用劳动成本的节约表示生产率的提高，用次品率降低表示产品质量的提高和生产材料等成本的节约。将各种来源的收益增加额加在一起，得出收益增加总额。

第二，提留和弥补上期亏空。收益增加总额一般不全部进行分配，如果上期存在透支的话，要弥补亏空；此外还要提留一定比例的储备，得出收益增加净值。

第三，确定员工分享收益增加净值的比重，并根据这一比重计算出员工可以分配的总额。

第四，用可以分配的总额除以工资总额，得出分配的单价。员工的工资乘以这一单价，就可以得出该员工分享的收益增加数额。

②拉克计划。拉克计划是在 1933 年被提出的一种收益分配计划，它与斯坎伦计划的区别在于它所关注的不仅是劳动成本的节约，而是关注整个生产成本的节约。拉克计划采用一个价值增值公式来计算劳动生产率。价值增值等于销售额减去其购买原材料和其他各种供给、服务的总成本。然后，可以用价值增值与雇

佣成本的比率来衡量劳动生产率，这一比率称为拉克比率。用当期拉克比率与基期或者期望的拉克比率进行比较，如果当期的拉克比率高于基期或者期望的拉克比率，就代表该劳动生产率获得了提高，可将生产率提高部分带来的收益在组织和生产团队的员工之间进行分享。

③分享生产率计划。分享生产率计划是在 1973 年被提出的一种收益分享计划，分享生产率计划不再衡量节省成本的经济价值，而是追求在更短的劳动时间内生产出更多的产品。这一计划的关键是将劳动时间比率与基期或者目标的劳动时间比率进行比较，如果当期的劳动时间比率低于基期或者目标的劳动时间比率，那么就意味着该劳动生产率获得了提高，因此就可以将这一部分生产率提高带来的收益进行分享。分享生产率计划往往是以周为单位向员工发放分享奖金。但这种分享计划有一个回购规定，即公司可以通过一次性向员工付款买回超过一定标准的生产率，从而能够在生产率上升到一定水平后提高基期值或目标值。

上述三个计划都是世界范围内著名的收益分享计划，它们的实施都旨在通过一种群体分享计划来鼓励员工参与公司的决策，为公司的经营管理尤其是生产管理提供意见和建议，通过这种意见和建议来改善公司的经营效率，然后再将改进效率所获得的收益的一部分拿来奖励员工，这样就形成了一个提高公司或团队整体绩效的良性循环。

3. 个人奖励与综合奖励计划

个人奖励计划，主要是将员工个人的工作业绩作为其奖金发放的依据。

个人奖励计划的制订主要涉及两个方面：一是如何确定个人奖金的基数；二是如何根据考核结果确定奖金发放的比例。

根据考核结果确定奖金发放的比例主要是绩效考核所要解决的问题，而如何确定个人奖金的基数主要有两种不同的方式，一种是根据基础工资来确定奖金基数，即把基础工资的一定比例作为奖金的基础，这是一种传统的仅考虑个人因素的奖励方式；另一种是可以根据组织和团队的整体业绩确定总的奖金基数，然后根据个人业绩情况确定每个人的奖金分配比例，计算出个人的奖金基数。这是一种综合了组织奖励、团队奖励和个人奖励的三位一体的奖励计划，既能够有效促进团队的合作和组织整体业绩的提升与改进，又充分考虑了个人的价值、贡献和业绩。

（二）福利

福利是指组织支付给员工的间接薪酬。与直接薪酬相比，福利具有两个重要的特点：一是直接薪酬往往采取货币支付和现期支付的方式，而福利多采取实物支付或延期支付的方式；二是直接薪酬具有一定的可变性，与员工个人直接相连，而福利则具有固定成本的性质。

相比直接薪酬，福利具有自身独特的优势。首先，它的形式灵活多样，可以满足员工不同的需要；其次，福利具有典型的保健性质，可以减少员工的不满意，有助于吸引和保留员工，增强组织的凝聚力；最后，福利还具有税收方面的优惠，可以使员工得到更多的实际收入。此外，由组织集体购买某些产品，具有规模效应，可以为员工节省一定的支出。

1. 福利的内容

在不同的组织中，福利的内容是各不相同的，存在着非常大的差异。但是，一般来说，可以将福利的项目划分为两大类：一是国家法定的福利；二是组织自主的福利。

（1）国家法定的福利

这是由国家相关的法律和法规规定的福利内容，具有强制性，任何组织都必须执行。从中国目前的情况看，法定福利主要包括法定的社会保险、公休假日、法定休假日、带薪休假。

（2）组织自主的福利

这是组织自主向员工提供的福利，不具有任何强制性，具体的项目也没有一定的标准，组织可以根据自身的情况灵活决定。国内的研究中，福利主要有如下一些表现形式。

额外金钱收入：比如在年终、中秋、端午、国庆等特殊节日的加薪、过节费、分红、物价补贴、消费、购物券等。

超时酬金：超时加班费、节假日值班费或加班优待的饮料膳食等。

住房性福利：免费单身宿舍、夜班宿舍、廉价公房出租或廉价出售给员工、提供购房低息或无息贷款、发放购房补贴等。

交通性福利：接送员工上下班的班车服务、市内公交费补贴或报销、个人交通工具（自行车、摩托车或汽车）、购买的低息（或无息）贷款及补贴、交通工具的保养费、燃料补助等。

饮食性福利：免费或低价的工作餐、工间休息的免费饮料、餐费报销、免费发放食品、集体折扣代购食品等。

教育培训性福利：内部的在职或短期的脱产培训、公费进修（业余、部分脱产或脱产）、报刊订阅补贴、专业书刊购买补贴、为员工向大学进行捐助等。

医疗保健福利：免费定期体检、免费防疫注射、药费或滋补营养品报销或补贴、职业病免费防护、免费或优惠疗养等。

意外补偿金：意外工伤补偿费、伤残生活补助、死亡抚恤金等。

离退休福利：包括退休金、公积金（按月抽取员工基薪一定比例，同时提供一定补贴，积累至退休时一次性返还；若提前离职，返还其已供款额。还可能按规定对不同服务年限发给不同程度补贴额及长期服务奖金）等。

带薪休假：除每周末及法定节假日和病假产假外，每月或每年向员工提供若干带薪休假日，其长短按照年资工龄的不同而进行区别对待。

文体旅游性福利：有组织的集体文体活动（晚会、舞会、郊游、野餐、体育竞赛等）、自建文体设施（运动场、游泳池、健身房、阅览室、书法室、棋牌室、台球室等）、免费或折扣电影、戏曲、表演、球赛票券、旅游津贴、免费提供的车船票、机票的订票服务等。

金融性福利：信用储金、存款户头特惠利率、低息贷款、预支薪金、额外困难补助金等。

其他生活性福利：降温、取暖津贴和优惠价提供本组织产品或服务等。

2. 福利的管理

为了保证给员工提供的福利能够充分发挥其应有的作用，在实践中，一般要按照下面的步骤来实施福利管理。

①调查阶段。为了使提供的福利能够真正满足员工的需要，首先必须进行福利需求的调查。在进行福利调查时，既可以由组织提供一个备选"菜单"，员工从中进行选择，也可以直接收集员工的意见。

同基本薪酬的确定一样，福利调查也要分为两个部分，内部福利调查只是解决员工的需求问题，但是这些需求是否合理，组织总体的福利水平应当是多少，这些问题都需要进行外部福利调查。当然，这种调查没有必要单独进行，可以在薪酬调查的同时进行。

②规划阶段。福利调查结束后，就要进行福利的规划。首先，组织要根据内外部调查的结果和自身的情况，确定出需要提供的福利项目；其次，要对福利成本做出预算，包括总的福利费用、各个福利内容的成本及每个员工的福利成本等；最后，要制订出详细的福利实施计划，如福利产品购买的时间、发放的时间、购买的程序、保管的制度等。

③实施阶段。这一阶段就是要按照自己制订好的福利实施计划，向员工提供具体的福利。在实施中兼顾原则性和灵活性，如果没有特殊情况，一定要严格按照制订的计划来实施，以控制好福利成本的开支；如果遇到特殊情况，也要灵活处理，对计划做出适当的调整，以保证福利提供的效果。

④反馈阶段。实施阶段结束以后，还要对员工进行反馈调查，以发现在调查、规划和实施阶段中存在的问题，从而不断地完善福利实施的计划，改善福利管理的质量。

第六章 卫生人力资源管理规划、要求与评价

第一节 卫生服务人力资源规划

一、战略卫生人力资源

（一）卫生服务战略性人力资源管理的内容

战略性人力资源管理包括以下几个内容：岗位设计、人力规划、人才招聘、薪酬福利、绩效管理、培训开发、员工沟通等。与以往的人事管理相比，无论在指导思想上还是在操作形式和过程上都是一种超越。

（二）卫生服务战略性人力资源管理的应用

1. 利用现有人才的优势来规划战略

西方经济学者认为，人力资本是体现在劳动者身上，并以劳动者量和质量来表示的非物质资本，它体现在人的身上，表现为人的知识、技能、资历、经验和熟练程度，即表现为人的能力和素质。因此，从这一点来讲，卫生服务依然占据着无可比拟的人才优势。优秀的人才是卫生服务能够得以发展的基础，是一笔巨大财富。因此，制定卫生服务发展战略不应该是盲目的，应立足于现有的技术优势，并充分发挥其作用，才有可能实现既定目标。

2. 挖掘人才的潜力来取得好的绩效

个体可能具备了所需要的能力，但无法保证他们的行为能够很好地发挥这些能力。这就需要在员工激励的问题上采取一定的措施，首先应该做到充分重视人的价值，再从精神和物质两个方面去挖掘人才的潜力。

精神方面：就是树立具有当今时代特色的卫生文化，在其内部形成一种大家

认同的工作氛围，并具有高度的凝聚力，使员工的工作行为及其努力程度与组织目标一致。

物质方面：虽然社区卫生服务机构有其特殊性，但仍然可以遵循等量贡献、等量报酬的原则，奖惩分明，充分调动各类人员的积极性、主动性和创新激情，把广大员工的意愿、力量、智慧有机地结合成为一个统一的整体来努力奋斗；大胆探索创新，收集信息，开发新技术，去应用和开拓、创业，最后实现其发展目标。

3. 人力资源开发是社区卫生管理不变的主题

战略性人力资源管理并非单纯地使用，关键还在于人才的开发和使用，因此，没有人力资源开发和利用，就没有进步；没有储备和使用，就没有发展。这关系着人们事业的成败。要认识到当前人力资源的开发管理是新世纪知识经济中的主体，是一种新的理论和新的概念。只有这样，才能保证社区卫生服务的可持续发展，才能在未来医疗市场的风云变幻中始终保持人才优势，立于不败之地。

（三）卫生战略性人力资源管理要点

1. 组织文化

再完善的制度都做不到天衣无缝，再优秀的管理者也难免在管理中带有主观性。借助强大的组织文化，就有可能产生强大的吸引力和凝聚力，从而使员工能够为了集体的利益而做出适度的"让步"乃至牺牲。这种文化的建立可以说是卫生事业管理者的核心任务。现代经济与技术的发展，使得团结协作成为一个集体具有市场竞争力的保障，因此，创造积极的、更注重团队精神的医院文化，将有助于社区卫生服务在竞争对手林立的医疗市场上占有一席之地。

2. 战略规划

既在科研技术领域技高一筹，又在管理方面游刃有余的复合型人才是社区卫生服务机构中坚力量的上选。因此，社区卫生服务的人才战略应着眼于复合型、智能型人才的开发与利用，着重于人的思维方式的再造和创造性才能的培养。另外，还要注重员工健康人格的培养，包括持久的工作热情、坚韧不拔的意志力、人际关系的协调和团队合作精神等。

3. 人才招聘

开发更多招聘渠道，吸引更多社区卫生服务发展急需的人才，尚需人力资源管理部门开发更多的招聘渠道，采用更合理有效的招聘手段，甄选出优秀的应聘人员为我所用。另外，在内部筛选人才同样不失为一种节约人力、财力、物力的人才招聘方法。这就需要在内部形成良性竞争的环境，遵循"能者上"的原则，对各个部门的主管领导进行科学、严格的筛选，任人唯贤，将内部的优秀人才大胆地推上领导岗位。

4. 激励制度

"人才是组织最大的财富"，这一观点已逐渐得到人们的普遍认同。人们在满足了基本的生存需要的基础上，更渴望的是个人价值的实现。薪酬是个人价值的货币体现，在一定程度上是人们衡量价值的重要手段。因此，如何在激烈的医疗人才市场竞争中挽留住人才及激励人才，是卫生事业管理者必须思考的问题。在原有的薪酬体系基础上，建立并实行与绩效紧密联系的奖励制度，应为一种有效的方法。

5. 绩效管理

科学的绩效管理体系可以有效实行奖励制度，从而激励员工的工作热情和创造热情。制定与业绩紧密联系的考核制度将是绩效管理的核心。同时，考核与奖励要有明确的关系。

6. 人才培训

人力资源开发不是一成不变、一劳永逸的。随着社会不断发展，科学技术的创新与转化，随着人员素质系统的变化，人与事的关系总是由适应到不适应，由不适应再到适应，由此循环往复以至无穷。因此，无论对个人还是卫生服务机构而言，必须适应新要求、新形势，适时开发与持续开发，让人员不断学习，提供战略发展需要的技能。因此，人们要建立一个科学的、循序渐进的\有明确目的的员工培训制度，以最少的投入，带给卫生服务最大的效益。

7. 员工沟通

员工沟通在卫生服务管理的每一个环节中都非常重要。沟通需要双方以平等和客观的心态进行交流，开诚布公。可以说，鼓励员工参与和积极进行沟通，不仅是给员工以机会，也是单位给自己提供机会，让组织发展得更好。开放和良好的沟通，不仅可以使管理者能够了解员工的真实思想、工作状态及其个人需要，并且能为员工发挥才能、创新思维，为推动卫生服务发展提供一个畅通的渠道。

二、卫生战略性人力资源管理的意义

战略性人力资源管理也是未来卫生人力资源管理的趋势，其核心要求就是：为卫生服务的利益相关者服务。

（一）为安全服务

人力资源重视保障员工的安全和健康，强调在各个环节都要落实"以人为本"的理念。众多卫生管理者重视"以病人为中心"的理念，日益深入人心，这也是卫生服务社会效益的具体体现。

第一，精湛的医护技术，解决患者的病痛。

第二，为病人提供高质量的配套服务。

第三，对病人及其家属的投诉要快速反应。

第四，为病人提供优质服务的同时，尽量降低成本，降低费用。

第五，不断更新，以满足病人的不同需要。

（二）为员工服务

人力资源管理的一项重要战略目标是为员工服务，这也是与一般传统人事管理的区别。员工是人力资源管理之本，离开员工，也就无所谓人力资源管理。正如美国管理学家杜拉克（Drucker）在其名著《巨变时代的管理》中指出的：进入知识经济时代，出现了一批新的工作者群体，即"知识工作者"。他们自身掌握着部分生产工具——知识，而不像传统的劳动者一无所有，只能出卖自己的劳动。卫生人才不像传统的工人那样受到机器的支配，容易受到有效的监督。相反，他们从事的是创造性劳动，离开他们的创造性劳动，机器就是一堆废铁。医生自身掌握部分生产工具，即知识，因而拥有更大的独立性、灵活性、自由性，优秀医生特别是优秀学科带头人的"跳槽"将造成难以弥补的损失，关键是要给他们提供运用知识的机会，使其价值得到实现。既要给他们提供比较优越、宽松的工作空间，使他们专心致志地工作，又不能放手不管，不加引导。

第一，公平对待员工：管理者在这种团队中的工作已不再是命令，而是激励；不再是发号施令，而是团队的核心。处理内部事务必须公平、公正、公开，建立科学合理的目标责任管理和计划管理制度，并以此为基础，科学、合理、公正、公平、透明地考核职工的绩效，并与他们的奖惩、任用挂钩。

第二，提高员工士气：只有提高员工的满意度才能提高员工士气，而提高员工士气，并不只是靠加工资来维持，要兼顾每位利益相关者的利益，因此，要依靠综合方面来提高员工士气。

第三，关心员工发展：建立以知识贡献衡量人的价值的新制度，除了职务等级的上升通道之外，建立并突出专业技术等级系列的上升通道，要把医院办成一所大学堂，促使医护人员随着社区卫生服务发展而不断进步，不断升值，并洋溢着平等探讨学习进步的浓厚风气。

第二节　卫生人力资源管理工作能力要求

一、人力资源工作者的素质要求

素质的研究始于 20 世纪 60 年代的后期，"素质"这一概念最早是由美国哈佛大学教授麦克利兰（McClelland）提出的。他认为，素质是一个人或个体的基本特性，它与高效率或高绩效的工作业绩有密切联系并且可以测量。根据这个定义，素质是一个人的一种相当深刻和持久的个性，是在既定的工作任务、组织或文化中，区分绩效水平好坏的个性特征的集合。它决定了一个人是否能够胜任某项工作或很好地完成某项任务。

（一）热爱本职，事业为重

作为卫生人力资源工作者，必须对本职单位热爱和忠诚，以卫生事业发展作为己任。以主人翁的责任感做好每件事情，这是做好人力资源管理工作的思想基础。人力资源工作者应当对单位的概貌、人员构成、人力资源现状、需求及发展趋势、本单位的专业特色、新的专业发展方向、重点学科情况及发展规划乃至国内外同行管理模式及发展趋势等比较熟悉了解。

（二）把人才当作重要资源运作

要树立正确的人才观，真正理解人力资源是卫生发展最核心、最关键的竞争力，自觉为卫生事业的发展、良好的运行，适时配置合适的人才资源，要树立人才"不求所有，但求所用"的观念，在用人方面采取灵活多元化的用人方式，学会引才生智、借脑生财，要认识到人力资源的两重性：既是一种可开发的资源，也是一种可有使用成本的资源。在工作中要不断改进和完善人力资源管理，用好、用活人力，使人才资源成为卫生事业可持续发展的核心动力。

（三）树立以人为本的管理理念

人力资源管理工作者要有耐心、爱心，要善解人意，处处与人为善。在处理问题时，首先做一个耐心的聆听者，尽可能全面了解问题的实质，力争做到在不违反原则的前提下，以换位思考的方式为对方的利益着想，切忌居高临下、冷漠无情，切勿拉帮结派、以权谋私。

（四）具备自我开发能力

努力充实自己，不断提高自己的综合素质，经过一个工作循环或工作一段，达到积累一些，提高一步，使自己的工作上一个新的台阶，善于总结工作中的经验和教训，避免出现相同的差错，努力把自己打造成学习型的人力资源开发专家。

（五）有较高的情商

人力资源工作者必须具有良好的情商，即具有调整与控制个人情绪的能力。做到能够清醒地认识与把握自己的情绪，调整和控制自己与外部环境相适应；还要有对他人的觉察力，知道他人是怎样看待自己、评价自己，从而能够以适当的情绪应对；要有较高的亲和力、凝聚力，善于团结一切可能团结的人，与主管领导、相关部门的同事们保持团结互助关系，以利工作的开展。

（六）有良好的道德礼仪修养

人事部是一个单位的对外窗口，人力资源工作者有时如同单位的形象大使，人力可能会因你而来，也可能因你而去。因此，必须使自己具有良好的职业形象，有较高的道德礼仪修养，在言谈举止、待人接物、仪表着装等方面注意自己的职业形象，在接待来访者、求职者时，要展现出优雅、大方、精干、利落、谦和、热情、礼貌的姿态，让一位来访者通过人力资源工作者的职业形象，留下对单位的好印象。

二、人力资源工作者的知识结构

（一）具有一定的卫生专业知识

只有掌握卫生人才成长规律、卫生专业的特点、卫生人力资源配置和管理的要求，才能根据卫生学科建设发展的实际需要合理配置卫生人才。

（二）掌握人力资源开发的基本知识

人力资源的管理过程，实际上是人力资源不断开发的过程，人力资源工作者应根据人才群体、个体的不同年龄、不同学历和专业、不同知识背景、不同岗位、不同经历和不同成长发展阶段，分析各群体和个体不同层次需求的不同侧重点，分别采取相应的适合群体的激励措施和多样灵活的开发方法，激发其最大活力，调动其工作、学习积极性。卫生人力资源工作者的核心任务是人力资源的配置、开发、管理，使本单位拥有的各类人才不断升值。因此必须掌握和运用人力资源开发的基础理论与知识方法，工作才能得心应手。

（三）具备相关的法律知识

由于人力资源管理中涉及法律问题日趋增多，比如人员聘用合同的签订、终止、人员招聘、解聘、人才合理流动、工资晋级、住房等许多方面，因此要求人力资源工作者必须具有较强的法律意识和相关的法律知识，才能在工作中依法办事，做到既维护单位的合法权益，又不伤害职工的正当权益。

三、人力资源工作者的能力要求

能力一般是指顺利完成某种活动所应具备的且直接影响活动效率、质量的新个体特征。它是在遗传的基础上，经过教育培训并在实践活动中吸取集体智慧而发展起来的。能力有自身特点，其中最大的特点就是它在人的活动中表现出来，同时又在所从事的活动中得到发展。后天的教育和培训对能力的形成与发展起着十分重要的作用。正是由于能力的这种特征，人们才能组织开展人力资源管理者队伍能力建设。能力建设，静态上是指形成和发展个体能力的理念、工具、方法和技术；动态上是指培育和发展个体能力的整个过程。它有两个基本维度：一是人力资源管理者自身；二是外部环境。抛开外部环境因素，重点探讨人力资源管理者队伍自身能力建设。能力通常可分为通用能力和专业能力两种。从事人力资源管理工作应该具备以下基本能力：

（一）创新能力

"创新是管理的生命力"。时代趋势要求人力资源管理者在吸纳、留住、开发、激励人才上不断创新。另外，人力资源管理部门是推动开展人力资源改革、促进人力资源管理向纵深发展的主要动力源。因此，人力资源管理者本身必须具备战略性思维及创新能力。

（二）沟通能力

管理中70%的错误是由于不善于沟通造成的。作为人力资源管理者来说，归根结底是做人的工作，沟通更是一门必修课。人力资源管理者要不断增强人际沟通的本领，包括口头表达能力、书面写作能力、演讲能力、倾听能力及谈判的技巧等。在卫生机构内部，人力资源管理部门同内部所有其他部门有着密切的联系，协调不同层级的人力资源管理者队伍内部及之间的关系，使整个单位人力资源管理者队伍成为一支高素质、高绩效、高活力的专业化和职业化的人力资源队伍。

四、人力资源工作者的技能和素质

（一）基本技能

管理者须具有三种基本技能，即技术技能（Technical Skills）、人际技能

（Human Skills）和概念技能（Conceptual Skills）。

1. 技术技能

技术技能实质是管理者应具备相应的专业知识和技术，要能够运用一定的知识技术、工具和程序完成工作任务。技术技能对于卫生服务人力资源管理者来说是非常必要的，能够很好地对下属的工作进行监督和指导，将卫生服务的工作效率提高，并降低在卫生服务工作中的纠纷。

2. 人际技能

人际技能就是人与人打交道的能力。这一点对于卫生服务人力资源管理者而言是尤为重要的，因为在卫生服务人力资源管理过程中，管理者不仅要与组织内的各种工作人员接触和协调，更重要的是要与卫生服务的服务对象进行最好的交流，这就要求管理者应当具备有效的交往、沟通和协调能力，以实现自己的管理职能。

3. 概念技能

概念技能指管理者认识事物的现象和本质及其相互关系的能力。这方面技能是所有的管理者都必须逐步增加的。卫生服务人力资源管理者面对的环境通常是复杂的，因此他们要能够对卫生服务部门与面对的环境的关系做出正确的分析和判断，并在此基础上做出决策。在卫生服务部门内部同样如此，管理者也必须认清部门内部各部分的关系，对部门有一个全局性和整体性的把握。

（二）特殊素质

卫生服务人力资源管理者应具备的特殊素质分为四大类：专业知识、业务知识、实施能力和思想素质。

1. 专业知识

专业知识是指卫生服务人力资源管理人员要掌握与卫生服务人力资源管理所承担的服务工作有关的知识，指具备设计和制定卫生服务人力资源制度、方案及政策的能力。专业知识是卫生人力服务资源管理人员进行工作的基础，并且由于卫生服务工作的特殊性，这也是他们区别于其他管理人才的基础。

2. 业务知识

业务知识是指卫生服务人力资源管理人员要了解其具体的服务环境，熟悉所在地方的特殊性而开展特异的卫生服务工作。从表面上看，卫生服务人力资源管理的工作与卫生服务工作并没有直接联系，但是卫生服务人力资源管理的各种制度、政策和活动涉及整个卫生服务部门和人力资源，如果对卫生服务工作一无所知，在对人力资源管理过程中没有针对性，出台的各种制度也会脱离具体情况。所以，卫生服务人力资源管理工作的开展是与具体情况紧密联系的，而具体情况就决定了开展的卫生服务工作的特殊性。

3. 实施能力

实施能力主要是指卫生服务人力资源管理人员要具备推行和实施各种卫生服务人力资源制度及方案的能力。对于成功的卫生服务人力资源管理人员来说，制度和方案的制定只是一部分工作，更重要的是要实施。离开了实施，再好的制度也不过是空谈，因此具备较强的实施能力也是卫生服务人力资源管理人员所必需的。需要强调的是，这种实施往往不是直接的，而是要推动直线部门来实施，实施能力包括很多具体的项目，如沟通协调能力、分析判断能力、组织能力、计划能力、应变能力等。

4. 思想素质

思想素质是指卫生服务人力资源管理人员要具备一定的思想道德品质。卫生服务人力资源管理不同于其他管理，在组织中的性质比较特殊，做出的决策和掌握的信息都与被管理人员的切身利益和具体的服务工作顺利开展相关联，所以卫生服务人力资源管理人员必须具有良好的道德品质，要以公正的态度来进行工作，不能将个人因素牵扯进入工作中，工作中要遵守职业道德，不能违背职业操守。

第三节　卫生人力资源管理部门与职责

一、人力资源部门的岗位设计

(一) 人力资源部门典型岗位

1. 人力资源总监/总经理

主要工作是制定人力资源管理的方针政策，并且贯彻执行；他有可能担负起组织改革等重大项目的任务。其特点为：

①公司人力资源方面的最高权威代表，人力资源的权威地位是通过解决一系列问题取得的。

②基本职能：设计并且使公司接受人力资源管理战略，将人力资源战略付诸实施。

③主要工作职责；高层经理的任免、人事主管的业务监督与支持和公司重要的人力资源项目。

2. 人力资源顾问/主管

主要是通过自己专业的知识和丰富的经验向公司提供良好的服务，以执行公司的人力资源策略。

①人力资源顾问的特点：作为人力资源的专家对部门经理提供专业的建议。

建议的领域包括：对于培训的需求给予建议；分析员工能力差异并且找出提高的办法；对于员工绩效、工资激励手段和员工任免给予建议。

②人力资源主管的特点。

第一，从事较低级别的人力资源专业工作。

第二，负责招聘（包括刊登广告、进行面试、选拔等一系列工作）。

第三，负责对级别较低一些的员工的工资制定和管理。

第四，负责进行岗位评估、转岗等一系列内部调动的工作。

3. 人事专员

保证公司的例行人事程序的执行，其特点有以下几方面。

①负责例行工作的完成和沟通的上传下达。

②工资、奖金、补贴的准确、及时发放。

③新员工入职手续、离职手续办理，各项福利制度的沟通与执行。

（二）人力资源部门岗位职能

人力资源规划：包括人力资源战略（目标）、中长期规划、年度计划、人力资源现状调研、分析与诊断。

工作分析与评价：包括作业流程盘点与优化重组、职位分析；职位设计；职位价值贡献系数评价、编制《职位说明书》；组织机构设计与组织运作模式；部门职能标准；岗位职责标准；职类系列与职级标准；编制定员标准。

制度建设：包括管理模式；管理层次；管理幅度；各项管理规章制度；与之相配套的各项人事政策。

人才素质测评：运用专门的人员素质测评软件或相关手段，对各类员工的能力与各项素质进行评估。

招聘与配置管理：包括招聘计划与组织实施；甄选；笔试、面试；录用入职与离职管理；人事异动；任免迁调（晋升与降级）等。

绩效管理：包括建立绩效管理体系；制定考评办法；实施；考评结果反馈、面谈与辅导；考评结果的运用与兑现。

薪酬福利管理：包括建立薪酬分配体系（薪资制度、薪资标准、薪资考核、薪资变动、分配方式、支付办法）；福利制度系列（社会劳动保险、商业保险、住房补贴、工时制度、休息休假、交通、通信、就餐、评优、表彰、定期体检、集体旅游、文体娱乐活动）等。

培训开发管理：包括培训管理体系建立；培训需求与计划；进修、外培、内训管理；岗位训练；学历教育；培训效果评估；培训成果转化；跟踪专业技能和综合素质提升等。

劳资关系管理：包括劳动合同（竞业合同、保密协议）管理；劳动争议预防与处理；员工奖惩；劳动纪律管理；文化建设；员工职业生涯规划；人事档案管理；等等。

人力资源会计核算与稽核：包括人力资源成本预算、核算、决算与过程管控；人力资源月、季、年度报表体系；人力资源经济活动分析；等等。

二、卫生服务人力资源管理部门职责

（一）人力资源管理的主要职能

人力资源规划：人力资源规划是指公共部门按组织目标对人力资源给出数量上、质量上的明确需求，并付诸实施的一系列程序、措施、政策和时间顺序，还包括对人员实行分类管理，建立起组织中每项工作职位或岗位的具体任职资格与条件。

人力资源获取：人力资源获取是指公共部门从组织内外招募、甄别、选拔和录用合格人员，这必然涉及人力资源的测评技术。

人力资源发展：人力资源发展是指为了保证员工拥有与工作岗位相匹配的知识和技能，并在此基础上进一步提高工作绩效，同时使员工得以不断满足个人成长发展需求的一系列政策、方法和程序等。

人力资源保障：人力资源保障是指为维持员工的工作能力、保障其权益而制定的一系列政策、措施等，主要包括薪酬福利、权利与义务、健康与安全、劳动关系、纪律与奖惩。

人力资源研究：人力资源研究是公共部门人力资源管理的一个重要职能，正越来越受到人们的重视。每一个组织所面临的人力资源管理问题是具体的和特殊的，发展出一套最适合本组织的目标、任务、环境、工作特点、员工特点等的人力资源管理系统是必要的。

任何一个卫生服务机构，要完成其基本任务和实现其组织目标，都必须最有效地使用卫生人力资源。卫生人力资源管理的主要职能是吸收、录用、发展、评价及调整卫生工作人员，具体分为四个方面：一是制订卫生人力资源计划，包括对卫生人力资源做出评估，依据卫生服务机构的发展战略、目标和任务，用科学的方法对未来人力资源的需求做出实事求是的预测，如人员数量、专业、结构等；二是有效地配置卫生人员，包括招聘和挑选机构需要的各类人才，如考虑、录用、安排、调配、辞聘等；三是创造卫生专业人员职业发展的机会，包括为提高专业能力的在岗培训和为其充分展示个人才华的发展空间，如进修、晋升、重用等；四是改进卫生人力的生活福利待遇，包括为促使机构保持一支具有竞争力的优秀队伍而制定的有关员工福利、保险、医疗、安全、子女就业等方面的政策、规定和措施等。

人力资源部门单独负责的活动包括卫生服务人力资源人事记录的保持，甄选测试，失业保险，以及福利管理中一些方面的问题。人力资源部门在雇佣面试、绩效管理、员工纪律、质量改善和生产率提高等方面，是最有可能与社区卫生服务中的其他职能部门进行合作的。其他一些比较普遍的专业化人力资源管理领域包括招募、薪酬、培训和开发。

（二）人力资源部门职能特点

1. 战略一体

人力资源的开发战略和整体发展战略融为一体，传统的人事管理与经营活动现象将逐步得到解决。卫生人力资源的开发与管理作为经营活动的一个重要组成部分，在管理、服务、科研、效益等各方面工作中所起的作用将越来越大。

2. 投入增加

人力资本的投入不断增加，已经体现得越来越明显，人力资源投入优先的战略使得卫生服务机构的人才效益飙升，从而带动机构整体效益的大幅度增长。

3. 共同责任

人力资源开发与管理正在由传统的少数人的行为变成多数人的行为，正在成为各级领导者的共同责任。不管在任何层次上的领导都要对属下的员工负责，管理他们的日常工作，关心他们，激励他们。从这个意义上说，所有管理者都是人力资源的管理者。

4. 部门性质变化

人力资源部门正在从非效益部门逐步转变为生产部门和效益部门，人力资源的投入将获得最大的产出。

5. 地位攀升

人力资源部门的地位正在逐步由执行层进入决策层，医院人力资源管理和开发在卫生服务机构发展的各项活动中的主导作用日益增强。人力资源管理与开发工作已经进入卫生服务机构工作评价指标体系，成为机构评价各部门工作优劣的重要指标之一。

6. 队伍精干、素质复合

人力资源部门的一些辅助性业务的外包化趋势日益明显，而人力资源部门人员的综合协调能力进一步加强，自身的工作队伍越来越精干。现代人力资源管理和开发对工作人员与领导者的素质要求越来越高，从事人力资源管理和开发的人员应当具有相当的知识和水平，开发者应当首先被开发，因此，各级管理者必须率先做到知识的复合化。

第四节　卫生服务人力资源的工作评价

一、工作评价的分类

从卫生服务人力资源工作评价是对卫生服务人力资源工作全过程的评价这一角度出发，可把卫生服务人力资源管理的工作评价分为目标评价、过程评价和结果评价三种类型。

（一）目标评价

目标评价主要是对计划目标的评价。围绕确立的计划目标，评价目标的科学性、合理性和可行性，最终评价计划目标的达成程度。

（二）过程评价

过程评价是对卫生服务实施过程绩效的评价。通过对实施过程加强监督、控制，分析卫生资源的利用程度、卫生计划进展程度等，及时发现计划执行过程中存在的问题，并将此反馈给相应的机构，制定相应的对策，解决执行过程中存在的问题，确保计划顺利实施。

（三）结果评价

结果评价是针对卫生服务人力资源工作计划实施后取得的成效的评价。结果评价对应于长、中、短期的卫生服务计划，可分为长期效应评价、中期效应评价和短期效应评价。长期效应评价体现了卫生服务人力资源工作的持续性发展绩效，短期效应则表现为卫生服务人力资源工作的短期绩效。完整的卫生服务人力资源工作结果评价应注重对卫生服务长、中、短期极小的综合评价。

二、工作评价的内容

人力资源考核的内容有：①各科室人力资源配备合理并满足工作需要，专业技术人员应当具备相应岗位的任职资格；②各管理部门负责人应当接受相应管理和法律、法规、规章等管理知识培训；③建立卫生专业技术人员梯队建设制度、继续教育制度并组织实施；④聘用的三级医师结构合理；⑤护理人员的数量，包含年龄和学历层次结构合理，满足保证护理质量的需要（综合考虑收治患者的数量、特征、床位的使用率和周转率等）；⑥医技人员的学历和专业知识结构合理；⑦实行岗位职务聘任制；⑧有相应的卫生专业技术人员配置、聘用与实际服务能力评价的制度和程序。

从卫生服务人力资源工作的目标与任务出发，确立社区卫生服务评价的内容。

（一）社区卫生服务人力资源工作的利用

卫生服务人力资源工作的利用是根据卫生服务需要，使用卫生人力资源，提供各种卫生服务的数量和质量的统称。分析卫生服务、利用与合理分配卫生人力资源，与提高卫生工作的社会效益和经济效益密切相关。

（二）工作活动评价

卫生部门为实现一定目的而使用卫生人力资源，产生相应的工作活动或功能。衡量的指标有工作活动的内容、数量和质量。工作活动研究可以从工作描述和工作测量两方面进行。功能分析是对计划和工作活动进行描述研究的常用方法。功能分析是将计划和工作过程中各个要素作为一个系统，详细分析这个系统中各个组成部分之间的相互联系，分析计划预期达到的目标、指标，即需要的资源保证，分析为实现这一目标需要的人才、费用、时间、投入量、产出量、工作内容、程序、工作任务、障碍因素及物资供应等活动的详细描述，还需要对经费和时间等做出详细计算，分析每一项功能活动在实现总目标中所起的作用。

（三）态度

卫生服务人力资源工作评价还应包括对所展开的卫生服务的态度和关心的程度。研究人们对待卫生服务态度的有关影响因素，从卫生服务提供者和接受者两个方面了解对待卫生服务的态度和支持程度，是改善卫生服务人力资源工作质量的一个方面。可采用询问随访和追踪观察两类方法进行评估。

（四）效益评价

效益评价是将卫生服务人力资源的各项投入和产出均折算成货币来评价工作的价值，应包括直接成本和间接成本、直接效益和间接效益。直接效益多指直接经济效益，间接效益可指社会效益和学术价值。社会效益是指劳动所产生的成果，对社会非常有用，为满足社会上人们的需要做出的奉献，用公式表示为：对社会的效益/社会劳动的耗费及占用的总量。卫生服务人力资源工作对社会的贡献体现在卫生服务人力资源工作的开展对政治稳定、经济发展、卫生体制改革等方面的作用上。卫生资源的投入和分配与卫生服务需要相适应，投入一定数量的卫生资源所取得的服务产出量，则是评价卫生服务效益的重要依据，可采用成本-效益分析方法评价卫生服务的效益。

（五）效率

效率是指卫生服务各项目的成果同花费的人力、物力、财力及时间之间的比较分析。评价效率的目的在于采用更节省资源的方式来开展卫生服务工作，不断改进卫生服务人力资源工作的实施方法，提高卫生服务人力资源工作的实施效率。卫生服务人力资源工作效率的评价可从以下四方面评估：①执行的级别：评价卫生服务人力资源工作是否在恰当的执行级别开展。②方法：分析所用的方法能否有助于卫生问题的解决。③人力：分析现有卫生人力队伍是否充足，按实际技能和努力同预期的水平相比，分析人力的效率。④财力：分析财力是否充足，做出成本分析，从经济学角度评价取得的成果。

（六）效果

效果评价是对卫生服务人力资源工作实施活动达到的目标和指标的总评价，也是对卫生服务人力资源工作最终结果的评价。评价应该全面系统地检查反映卫生服务人力资源工作效果的诸方面，用卫生服务人力资源工作的总目标的要求来衡量是否达到总体要求。用各项服务内容的指标来评价是否已经满足服务工作的目标水平，评价所取得的效果对卫生状况改革的程度，评价卫生服务人力资源工作的满意度。效果评价还应对卫生服务人力资源工作进行成本-效益分析和成本-效果分析。

三、工作评价的程序

卫生服务人力资源工作评价应遵循的基本程序一般包括以下三个步骤。

(一) 确立标准

评价标准必须能最好地反映评价项目的目标。这个目标既包括总目标，又包括具体目标。总目标是从总体上阐明计划工作应该达到的目标，是对总目标的具体说明。卫生服务人力资源工作的总目标应体现在以健康为中心，以人的生命全过程为基础，集预防、医疗、保健、康复、健康教育为一体的综合服务功能，以达到提高健康水平的目的。

从总体目标要求出发，确立相应的具体目标，如卫生服务投入、卫生防疫、卫生服务满意度等目标。建立评估指标体系是指从卫生服务总目标和分目标出发，建立可考核的评估指标体系。

(二) 衡量成效

衡量成效的关键是把握有关信息的及时性和可靠性。掌握及时、准确、可靠的信息是进行科学评价的基础，没有信息就没有评价工作。卫生服务人力资源工作评价资料可从下列途径获得：根据国家规定的登记报告制度，由各级医疗卫生机构定期逐级报告的医疗卫生工作报表、日常工作记录、各种报告卡等。另外，专题调查可以对所研究的问题进行深入细致的调查研究，可以获得常规登记和报告不能取得的信息，是卫生服务人力资源工作评价不可缺少的手段。

(三) 分析材料

材料分析划分为两个阶段，第一个阶段为调查资料的核对、整理和分析阶段，在此阶段中，手工分析和计算机分析是通用的两种方法；第二个阶段是对取得的调查资料进行判断、推理，得出具有规律性的结论。针对卫生服务人力资源工作的实施情况，从卫生服务的投入、过程、产出三个方面，按照建立的卫生服务人力资源工作评价指标体系，结合卫生服务的综合性、全方位、一体化服务、连续性、负责性、科技性、方便性、协调性、团队合作、尊重患者等特点，对卫生服务人力资源工作进行综合评估。

四、工作评价的意义

卫生服务人力资源工作评价必须对卫生服务工作的全过程进行评价。卫生服务人力资源工作评价的意义可概括为以下九点。

第一，阐明卫生服务人力资源工作的价值及其推广性。

第二，评价目标达成度，将实际完成目标与计划目标进行比较，找出两者之间的差距，衡量目标的实现程度。

第三，评价卫生服务人力资源工作的进展，将实际完成目标与计划目标进行比较，说明工作的进展程度。

第四，分析医疗需要量和评价医疗需要量满足度。

第五，分析卫生服务机构的数量和质量，探讨影响卫生服务利用的因素，为建立与卫生服务需求相适应的组织结构提供依据。

第六，对卫生服务人力资源工作产生的社会效益和经济效益做出客观评价。通过对卫生服务的投入产出分析，衡量卫生服务所产生的社会效益和经济效益。社会效益由投入卫生资源取得的产出量的使用效果指标即居民健康状态指标来衡量，经济效益由投入卫生资源所取得的产出量的经济效益衡量。

第七，评价卫生服务人力资源工作的试点实验，为开展大规模现场试验提供依据。

第八，加强卫生服务人力资源工作的质量控制。质量控制的主要形式是对指标和标准的评价，通过开展卫生服务人力资源工作的指标和标准评价，加强卫生服务人力资源工作的质量控制。指标是衡量变化的具体参数，可以有数量指标和质量指标两类，标准是衡量行动的水准，可分为技术标准和社会标准。

第九，开展卫生服务人力资源工作评价，为制订适宜的社会卫生服务计划及科学决策提供重要依据。

第七章 高校人力资源管理的创新机制

第一节 教育信息化背景下高校人力资源管理机制的构建

一、高校人力资源管理信息化的内涵

（一）高校人力资源管理的内涵与特征

1. 高校人力资源管理的内涵

高校人力资源特指高等教育机构中具有工作能力的教育工作者，是指能够促进高校教育事业进一步发展，能够为国家和社会在政治、经济、科技等方面做出贡献，为培养高素质人才发挥作用的员工，主要包括高校的科教人员、管理人员、后勤人员等。

高校人力资源管理是运用科学方法，遵循人才发展规律，结合高校当前任务，对学校各岗位人员进行合理规划与组织，对人事关系进行指导、协调与控制，做好教职工的聘用、培训考核、工资福利等工作，以实现高效率与高效益的利用人力资源的目标。

2. 高校人力资源管理的特征

人力资源管理是高校管理中重要的一环，根据高校人力资源自身的特征，高校人力资源管理方式也应该随之改变。随着国内外形势发生的深刻复杂变化，在当今社会不断变革和新时期人才市场竞争环境下，高校人事管理的概念和管理机制已发生重大变化，正在由传统的人事管理向人才管理方向发展。

高校人力资源的主要特点是知识型教职员工占主导地位。高校教师绝大多数都接受过系统的教育，知识能力相对高于社会平均水平，对精神层面的需求也明显更高。高校教师在教书育人和科研创新的过程中，寻求自我价值的实

现，从而获得社会的承认和事业上的发展。然而，受传统教育体制和计划经济的影响，许多高校的人力资源组成复杂，高校教职工在知识、能力、教育背景等方面存在较大差异，因而高校人力资源管理较为复杂，需要采取差异化管理方式，充分挖掘各类型人力资源的积极性和潜力。高校人力资源类型多样、工作内容和社会角色重要，除了合理配置高校人力资源、提升人力资源开发力度、激发人的积极性和创造性等人力资源管理共同特征，高校人力资源管理还具有自身独有的特征。

（1）高校人力资源的创造性与优质性

高校是各类型高水平人才的聚集之地，高校教师具有很强的创造性、智能性和创新性。在经济范畴中，与效率一般的普通工人相比，效率很高的工人的劳动一般会有 30%~50% 的余量。而在知识经济范畴中，劳动的创造性和智力性是劳动价值的主要体现方式，知识性的技术人员的劳动价值一般是普通工人的五倍。此外，在经济社会中，同质劳动力的可替代性是很强的。而在信息社会中，人才技能的特殊性和独特性使得其替代可能性明显降低。

（2）高校人力资源的激励性

基于高校教师优质性特点，根据马斯洛需求理论，高校教师的精神追求和心理需求具有明显的特点，同普通员工相比，广大高校教师比较注重工作环境氛围和自由的工作时间。主要表现为：第一，注重自身劳动价值和劳动成果的被认可；第二，注重劳动结果的完美度，高校教师一般都具有很强的自我满足意识，将完成挑战性工作的视为实现自身价值的方式，这会使他们产生持久、强大而相对稳定的进取精神，力求呈现完美结果。

（3）高校人力资源的时效性与再生性

高校人力资源具有极强的使用时效性。一位教师无论具有多高的学术水平和人才培养能力，也只能代表他在特定时期具有较高的人力资本积累。如果这位教师无法做到与时俱进，紧跟知识和科技发展的潮流，其人力资本价值也会相应降低。同时，人力资源也具有一定的可再生性，被耗损的人力资源在一定程度上是可以再生的。教师的人力资本再生是通过持续学习实现的，而不是通过一次性的投资产生的。因此，想实现教师素质和能力的提升，需要对教师不断进行培养和投入，以维护他们的内在人力资源价值。

（4）高校人力资源的流动性

人是人力资本的载体，人力资本会随着人的流动而流动，因此流动性是人力资本和实物资本的重要差异之一。高校的人才流动是必然的现象，21世纪的竞争是人才的竞争，高校间的竞争也不例外。竞争过程中有序合理的人才流动是市场经济发展的必然结果，有利于激发人才的最大价值，也有利于实现社会人力资源的优化配置，这是社会进步的体现。

（二）高校人力资源管理信息化的概念

人力资源管理信息化的概念是以信息技术为手段，以人力资源管理信息系统为平台，达到降低管理成本、提高管理效率和全员参与管理的目的，提升人力资源的战略地位，形成新的开放的人力资源管理模式。依据人力资源管理信息化的概念，人们可以把高校人力资源管理信息化理解为人力资源管理信息化在高校中的应用。具体来讲，高校人力资源管理信息化就是为了实现高校的战略发展，提高科研水平和教学水平，运用先进的信息技术，建设基于校园网的高校人力资源管理信息系统，提升高校人力资源管理水平的一套完整解决方案。高校人力资源管理信息化是以先进的信息技术为支撑的先进的管理思想与理念的体现，是一种新型高校人力资源管理模式。

从宏观上讲，人力资源信息化管理是高校转变管理模式、创新管理理念的重要举措，更是信息时代高校发展的必然需求，高校人力资源管理负责人已经难以完全脱离信息技术开展工作，从人才招聘、人才筛选、薪酬体系制定到组织结构调整的各个环节，都需要信息技术作为辅助。具体而言，高校人力资源信息化管理目的有以下四点。第一，降低管理成本。人力资源管理中的逐级沟通、意见反馈等活动都能够在信息技术的支持下完成，突破了传统时空限制，降低了组织管理各项成本。第二，优化工作环境。不断改善教职员工在高校的工作体验，提升高校行政体系运转效率，优化高校工作的环境，吸纳更多高素质人才。第三，优化管理流程。减少高校在人力资源管理过程中的负担，建立人力资源信息数据库，提升人力资源业务项目流转速度，促使高校在新时期的综合竞争力不断增强。第四，科学评估绩效。信息系统能够将人力资源的激励、测评、考察等工作智能化，帮助高校人力资源负责人甄选出匹配度更高的人才，并且能够科学分析考查现有人才绩效水平，激励教职员工在本岗位上开展教学科研等活动。

（三）高校人力资源管理信息化的作用

高校人力资源管理信息系统是以校园网为基础，对高校人力资源信息进行收集、传递、存储、加工、维护和使用，并与其他高校管理信息系统能够无缝连接共享信息的人机系统。高校人力资源管理信息化的作用体现在以下八个方面。

1. 提升高校人力资源管理的运作效率

高校人力资源管理信息化最重要的作用是提高高校人力资源管理的工作效率，主要表现在人力节约、人力资源业务办理速度提高、差错率下降等。高校人力资源管理的日常工作会进行大量的文档、表格处理和数据统计，其中大部分信息内容能够通过规范、统一的数据标准和各种预设的计算工具进行处理，高校人力资源管理信息系统中的相应功能模块，可以大大提高这部分工作的处理效率和数据的准确性。高校人力资源管理信息化使高校人力资源管理工作者从纷繁重复的基础信息处理工作中解脱出来，有更多的时间考虑高校及教职工的需求。另外，高校人力资源管理信息化优化了高校人力资源管理的流程，提供了更多有价值的信息，为高校的战略发展提供支持。从文献分析中，人们可以看出中国高校实现人力资源管理信息化后工作效率也得到了提高。

2. 有效改善高校人事部门的服务，推进全面人力资源管理

高校的人事工作关系到学校的每一位教职工，不仅是高校人事部门的事情，还需要高校的校领导和院系领导、教师及其他人员的共同参与。基于校园网的高校人力资源管理信息系统，可以对用户进行角色划分，分别授予不同的操作权限，有效提高高校全体教职工参与人力资源管理的程度，扩大人事部门的服务范围，提高人事部门的服务质量。

3. 增强高校人力资源管理的流程控制

高校人力资源管理信息系统拥有严格的流程和权限控制，系统根据这些预设的流程运行和监控，以时间和流程推动人事工作的运行。用户不符合流程规定的操作，系统会自动报警，并屏蔽非法操作的影响。因此，高校人力资源管理信息系统可以一定程度上排除外来的和主观的干扰。

4. 提高高校人力资源管理解决方案的执行力

传统的手工操作方式不能适应以精确化和定量化为特点的现代人力资源管理模式，高校的人力资源管理工作必须从手工方式转向信息化方式。高校人力资源管理信息系统拥有强大的业务处理功能和先进的管理工具，可以嫁接多种业务解决方案，具有适应不同业务方案的柔性。

5. 高校人力资源管理信息系统可以突破时空限制

基于校园网的高校人力资源管理信息系统，采用了 B/S 结构，高校的各类人员可以通过互联网随时随地登录人力资源管理信息系统，处理学校或院系的人事工作。同时，高校人力资源管理信息系统能够支持多人同时操作系统，也可以让多人同时获得系统的服务，真正实现了移动办公。由于突破了时间、空间、人数的限制，高校各类人员可以在出差或假期时处理相关的人事业务，减少了业务的处理时间，能够及时完成工作任务。

6. 提高高校人力资源管理相关决策的质量

高校实施人力资源管理信息化项目后，高校的人事工作达到定量化，人力资源管理信息系统可以提供更多有效的数据，使高校管理者在进行决策时做到有据可依，有利于减轻工作人员手工工作负担，降低人为的失误操作，减少工作中的错误。在提供更方便和更准确服务的同时，高校人力资源管理信息系统促进业务流程的顺利对接，改善人力资源管理工作的品质。高校人力资源管理信息系统可有效提高人事部门和高校领导获取信息的效率和质量，为各级决策者提供基于信息的分析和决策支持，有效避免因信息不全、数据不准、时效不高而可能带来的决策风险。

7. 促进高校人事部门与其他职能部门的协作

高校的人事部门管理所有教职工的数据信息，不仅定期制作报表向上级部门汇报，还需要向学校其他管理部门提供人事数据信息。学校的教务、科研、资产管理、发展规划、工会、后勤管理等部门，其工作大都与人事工作有很强的关联性，需要大量的人事数据信息。人事部门向学校其他管理部门提供人事数据信息的任务是繁重的，职责是重大的。在这种情况下，高校人力资源管理信息系统能够将日常提供人事数据信息的工作规范化、网络化和效率化，例如，通过开发高校人力资源管理信息系统的网络分析和报表功能，通过对其他部门提供授权的方式或者建立中心数据库的方式，使其能够自动获得最新的人事数据信息，并可以在网页上进行打印，实现了学校不同管理部门间的人事数据共享。

8. 实现高校教职工的自助服务

高校的教职工可以通过校园网或者互联网在其他地方访问人力资源管理信息系统，获取自身的有关信息，也可以在线提交培训、请假等申请，以及在线学习学校的人事规定制度和文件，甚至可以通过人力资源管理信息系统的职业生涯规划功能进行自身的职业生涯规划和分析。

（四）高校人力资源管理信息化的主要模块

高校人力资源管理信息化的主要模块可以分为三类：第一类是高校人力资源信息管理模块，主要包括教职工信息管理模块、组织结构与岗位信息管理模块和政策法规信息模块；第二类是高校人力资源管理业务模块，主要包括招聘管理模块、工资管理模块、社会保险与福利模块、考勤管理模块、考核管理模块、岗位聘任管理模块、培训开发模块、职业生涯管理模块、教职工异动模块和合同管理模块等；第三类是辅助支持模块，主要包括系统权限管理模块、系统查询模块和统计分析模块等。

1. 信息管理模块

教职工信息管理模块可以分为在职教职工信息库、退休教职工信息库、调出人员信息库和临时人员信息库，主要功能是采集、管理和维护教职工的基本信息、学历学位信息和岗位情况等信息，并且可以导出人事花名册。

组织结构与岗位信息管理模块的主要功能是对高校内不同类别的、不同层次的工作岗位进行分析，形成高校内各院系、各部门的岗位信息库，并根据组织机构和岗位的变化维护组织结构与岗位信息库。组织结构与岗位信息库包括高校的院系等部门信息和岗位信息，部门信息包括部门人员编制和岗位数量等，岗位信息包括工作说明书、岗位规范和岗位图谱。

政策法规信息模块的主要功能是内置国家关于人力资源和社会保障的法规制度、地方性法规及高校自身制定的人事制度，对这些制度进行分类管理，还可以更新已过时的政策法规和发布新法规。

2. 人力资源管理业务模块

招聘管理模块分为空缺岗位信息、招聘计划制订、招聘信息发布和招聘结果通知等子模块。空缺岗位信息子模块的主要功能是高校各院系各部门根据岗位情况报送缺岗信息；招聘计划制订子模块的主要功能是根据空岗信息自动生成招聘计划表及相应的招聘条件；招聘信息发布子模块主要功能是把经过批准的招聘计划发布到校园网上，供求职者投递简历，并自动进行初步筛选；招聘结果通知子模块根据最终录取情况，向求职者自动发送录取通知的电子邮件。

工资管理模块主要包括工资设计、工资管理和工资统计分析等子模块。工资设计子模块的主要功能是设定工资的结构和类别，工资的结构一般包括薪级工资、岗位工资、职务补贴和岗位津贴等，工资的类别是按照教职工的工作内容分类工资，例如教师类工资、行政管理类工资、其他专业技术类工资和工勤类工资；工资管理子模块的主要功能是确定每位教职工的工资，并对其每月工资进行计算；工资统计分析子模块的主要功能是可以分类别、分时间地统计分析教职工个人、院系等部门和高校整体的工资情况。

社会保险与福利模块主要包括社会保险与福利设计和社会保险与福利缴费计算两个子模块。社会保险设计子模块的主要功能是根据国家法律规定与学校规定生成社会保险与福利管理的基本结构，包括养老、失业和医疗等保险一些福利项目，为各类保险和福利费用的缴纳设定计算公式；社会保险与福利缴费计算子模块的主要功能是在高校缴纳保险与福利费用时，可以与工资管理模块关联，迅速准确地计算出每位教职工的缴费数额，并能进行统计和查询。

考勤管理模块主要功能是根据国家及学校对于病假、探亲假和学术假等规定实现对假期申请、所在部门审批和人事处等部门审批的网络化管理，并可以对考勤信息进行记录、统计和查询。

考核管理模块可以分为年度考核和聘期考核两个子模块。年度考核子模块的主要功能是每位教职工在网上填报考核表，经所在部门及人事部门填写审核意见后，进行电子存档，并提供打印，用于纸质考核表存档；聘期考核子模块的主要功能是对每位教职工一个聘期内完成的工作与其所聘岗位的职责进行对比，从而得出考核结果。该模块需要与学校的科研及教学管理系统进行数据交换。

岗位聘任管理模块的主要功能是根据组织结构与岗位信息库的内容发布岗位信息，教职工填报岗位应聘表，岗位聘任结果公示。该模块要与考核管理模块关联，根据考核结果进行岗位聘任。

培训开发模块的主要功能是发布培训信息，受理教职工培训申请，并能记录、查询和统计教职工的培训信息。

职业生涯管理模块主要为教职工在教学科研等方面提供规划信息录入，并由院系等部门对教职工的职业生涯规划进行评价和反馈。

教职工异动模块包括校内调动、退休和调离三个子模块。校内调动子模块的主要功能是对教职工在学校内各部门之间的变动进行处理；退休子模块的主要功能是制订教职工退休计划，发送退休通知书的电子邮件，并把退休教职工的信息转到退休教职工信息库；调离子模块主要功能是记录教职工的调出去向和调离时间，并把教职工信息转到调离教职工信息库。

合同管理模块的主要功能是建立在编教职工的聘用合同及临时人员的劳动合同的模板上，记录合同的变更、续签等情况，提供合同到期的自动提醒，记录合同的解除与终止的情况，实现教职工合同信息的查询与统计。

3. 辅助支持模块

系统权限管理模块主要功能是为了保障教职工信息的安全，根据教职工身份的不同进行权限分配，如部门领导可以查询本部门的教职工信息，审批本部门教职工的假期申请等；人事处的工作人员可以操作所有模块，而一般教职工只能操作某些模块。

系统查询模块主要功能是根据不同权限为教职工提供本人信息查询，为部门领导提供本部门人员信息查询，为校领导提供全校信息查询等。

统计分析模块的主要功能是对高校人力资源管理信息系统中的各类资料进行有选择的汇总和统计，并生成相关的图表，以进行分析和输出。

二、高校人力资源管理信息化的一般实施过程

(一) 中国高校人力资源管理信息化的原则

信息化是人力资源发展的趋势之一，是指利用信息技术手段提升人力资源管理效率的过程，有助于推动人力资源信息共享，优化人力资源管理流程，提升人力资源管理水平。高校人力资源管理信息化建设是一项人力、财力、物力投入大，持续时间长，影响范围广的系统工程，是一项关系高校发展全局的战略措

施，关系到高校的管理理念转变、组织结构设计、组织文化改善和业务流程优化等。要成功有效地进行高校人力资源管理信息化建设，必须遵循一定的原则。

1. 系统规划原则

系统规划是高校人力资源管理信息化建设的第一个环节，又是高校人力资源管理信息化建设必须遵守的原则，因此系统规划是非常重要的。高校人力资源管理信息化建设涉及高校的教学科研等方面，影响到所有的教职工，具有一综合性、系统性和整体性，因此必须进行统一规划、统一投资、统一标准、统一建设和统一管理，以实现高校主要人力资源管理业务的电子化和信息资源的高效利用。高校人力资源管理信息化建设进行系统规划可以有效地防止重复投资，避免进行孤立的系统设计或某项业务的信息化而形成的信息不能共享问题。

2. 循序渐进原则

高校人力资源管理信息化是一个动态过程，是随着国家法规政策的变动、高校的发展、信息技术的进步及高校人力资源管理的发展而不断变化的。国家实施新的法规（如社会保险法）就会造成高校人力资源管理业务的改变，而业务的变化就会改变高校人力资源管理的业务需求，进而改变高校人力资源管理信息系统的设计与功能。另外，中国高校的人力资源管理水平是不一样的，业务的需求层次也是不一样的，同时高校人力资源管理的新需求也不断出现，新出现的丰富的需求加大了高校人力资源管理信息化建设难度。高校进行人力资源管理信息化建设，在总体规划的基础上，既要坚持科学性、适用性，又要兼顾先进性和前瞻性，循序渐进，量力而行，要有条不紊地逐步完善。

3. 讲求实效原则

高校人力资源管理信息化建设必须从实际情况出发，充分考虑高校的管理水平和人力资源管理信息化的业务需求，突出重点，注重实际效果。高校人力资源管理信息化建设一定要以高校人力资源管理的实际情况为基础，以信息化的实际应用为着眼点，将先进信息技术与管理创新相结合，以此来设计实施高校人力资源管理信息化的解决方案。高校人力资源管理信息系统的功能模块必须与实际应用紧密结合，必须具有实用性和针对性，中看不中用的功能模块不能进行设计与开发。

4. 纸质文档保存原则

高校人力资源管理信息系统的日常运行，必然会产生大量的电子人事信息，而这些信息都是以数字化的形式存储在系统的后台数据库中。这些电子文件中包含许多需要进入教职工个人人事档案或者学校档案的文件，如教职工的考核表、工资定级表、聘用合同书、相关的人事制度政策，以及某些特殊问题的处理意见等。因此，对国家法律规定要保存的重要人事信息及具有保存价值的人力资源电子文件，一定要将这些电子文件转成纸质文档保存到教职工个人的人事档案或者学校的档案室。同时，人力资源电子文件也要按照其记录信息的保存价值进行物理归档，转化为电子档案，保存到学校的档案信息系统中，并按规定进行相应的安全管理。也就是说，高校人力资源信息系统产生的电子人事信息要实行双轨制的归档管理，即数字化的文件和纸质载体的文件同时作为档案保管。

5. 信息安全原则

高校人力资源管理信息化建设必须高度重视信息安全问题。高校教职工的人事信息具有一定的机密性，要严加管理，要以严格的管理制度、有效的监督措施和先进信息安全技术，实现确保高校人事信息安全的目的。高校在实施人力资源管理信息化过程中必须严格遵守国家的有关信息安全的法律规定，制定适用教职工人事信息等方面的规范要求，高度重视互联网的安全威胁，采取必要措施，建立有效的信息安全保障机制，确保高校人事信息安全。

高校人力资源管理信息系统必须与互联网等公共信息网络实行物理隔离，涉密的教职工人事信息要存储在与公共网络不相连的服务器或存储设备上，要采取彻底的防范措施，保证高校人力资源管理信息系统的基础运行环境、校园网的安全。高校人力资源管理信息系统在设计和开发的过程中必须进行严密的安全体系设计，采用基于角色的口令管理和权限管理。系统管理员的口令要采用严密的算法进行加密，防止盗用或破解系统管理员口令与密码的现象发生。不同用户的权限要进行系统的逻辑严密的分类与划分，通过详细的系统日志记录不同用户对系统的操作。

6. 信息共享原则

高校校园信息化建设中不仅包括人力资源管理信息系统，还包括教学管理、科研管理、财务管理和学生管理等许多职能部门的管理信息系统。因此，高校人力资源管理信息化建设要从校园信息化的全局出发，充分利用已经建成的基础网络环境和信息系统，在学校主管信息化建设的部门指导下，加强与其他职能部门的协调，采取切实可行的信息技术手段和管理制度，努力实现人力资源管理信息系统与其他管理信息系统的互联互通和信息共享，以避免各个管理信息系统的信息孤岛现象及信息标准不一致等问题。

（二）高校人力资源管理信息化的实施过程

第一步：高校人力资源管理信息系统规划。

高校人力资源管理信息系统规划是高校校园信息化规划的一个重要组成部分，是人力资源管理信息系统开发的首要步骤和基础工作，是实现信息技术与人力资源管理业务之间的有机融合，从而促进高校规范化管理的必要前提。高校人力资源管理信息系统规划是根据高校的战略发展规划和师资队伍建设规划，在确定高校人力资源管理与信息技术的融合关系及高校资源情况的基础上，通过制定、实施、评估和调整高校人力资源管理信息技术战略，从而实现高校人力资源管理的自动化和系统化。高校人力资源管理信息系统规划主要是调查分析高校的现状、未来的发展战略和任务、高校的党政组织结构、学校与院系的二级管理结构、人事部门的组织结构和业务及当前学校人力资源管理存在的问题等。

有效地进行高校人力资源管理信息系统规划可以增进系统与学校及人事部门的关系，做到人事信息资源的深化应用和系统经费的减省节约，帮助高校梳理人事工作，发现能够改进的地方。

第二步：高校人力资源管理信息系统需求分析。

高校人力资源管理信息化项目是把高校人事工作的业务需求进行信息化实现的工作集合，能够掌握全面真实准确的需求，是高校人力资源管理信息化成功的基础。需求的不清晰和不准确会造成高校人力资源管理信息系统设计开发困难或错误，需求变更频繁会造成建设系统的经费增加等。许多高校人力资源管理信息化项目的失败都涉及需求问题。

在高校人力资源管理信息化项目建设之前，高校必须弄清楚三个问题。

第一，高校人力资源管理信息化的需求是什么。这个问题的实质是高校当前有什么需求，高校是否清楚地知道利用人力资源管理信息系统解决哪些人事管理工作上的难题。

第二，高校人力资源管理信息化的需求将是什么。这个问题回答高校未来的需求是什么。在未来的动态环境中，高校之间的竞争会更加激烈，高校的战略目标和师资队伍规划会发生变化。为应对将来的变化，人力资源管理信息系统将面临何种需求。

第三，高校人力资源管理信息化应该是什么。管理信息系统的核心是管理，信息技术必须为管理目标服务，不能只追求技术上的先进性而忽视管理目标。因此，高校人力资源管理信息化的理念必须科学合理，使用的工具要适合高校的需求。高校人力资源管理信息系统应该是一个科学管理的平台，应该把可行的、科学合理的需求纳入系统中。

高校进行需求分析，需要注意以下三点。

第一，需求是不断变化的。人力资源管理的很多业务处于不断的变革中，需求也就随着发生变化，因此人力资源管理信息系统要有灵活性。

第二，有些需求是模糊的。大多数需求开始是模糊的，高校虽然能够意识到但不能清楚地表达，因此专业人员要把模糊的需求变成描述准确的需求说明书。

第三，需求冲突。高校人力资源管理信息系统的用户包括很多人，如学校领导、其他职能部门、院系等，这些使用者都有需求，因此会出现需求冲突的情况。

第三步：高校人力资源管理信息系统的设计。

高校人力资源管理信息系统设计的主要任务是确定系统的总体设计方案，分析人力资源管理工作的业务流程，划分系统的功能模块，确定数据的流程，进行具体详细的设计。

系统设计包括高校人力资源管理信息系统总体网络结构的设计、数据库的设计和功能模块的设计等。

总体网络结构的设计是指选择 B/S 结构还是 C/S 结构，或者是两者混合。数据库的设计包括数据库表、字段等的设计。功能模块的设计是指高校人力资源管理信息系统所具有的分工协作的业务模块，如招聘模块、工资管理模块、培训管理模块、福利保险模块、绩效考核模块、系统查询模块、统计分析模块等。

第四步：高校人力资源管理信息系统的选择。

高校在进行人力资源管理信息系统设计后就进入了系统选择阶段。在此阶段，高校可以采用两种完全不同的实现方式，即自主开发还是外部购买，当然高校也可以采用这两种方式结合的策略，例如选择软件系统开发商进行联合开发或者选择某一产品进行二次开发等。自主开发是指高校依靠自身的技术人员，根据需求和系统设计，开发人力资源管理信息系统。外部购买就是指高校购买专业软件开发商的产品。高校选择自主开发，往往基于这样的考虑：选择外部供应商的成本较高；担心外部供应商的后续服务和升级能力。

大部分高校不具备自主开发的条件，因此只能选择外部购买。高校要选择软件供应商，必须从供应商的经营状况及性质、开发实力、实施水平、服务能力，以及产品的功能价格等方面评估供应商及其产品。

第五步：高校人力资源管理信息系统的安装。

在高校自主开发出系统或选择好软件产品后，高校就进入人力资源管理信息系统的安装阶段。在安装阶段，高校要准备好人力资源管理信息系统的硬件环境，如服务器、网络交换机和计算机等，还要在硬件平台上安装好相应的操作系统和数据库等。软硬件环境的准备是这一阶段的重要工作内容。软硬件环境准备就绪后，高校就可以进行数据库和人力资源管理信息系统的安装。系统安装之后，技术人员要为系统设置共用的系统参数、基础数据及相关的文档。共用参数和基础数据是全局性的，要进行认真核对，确认无误后进行数据备份。

第六步：高校人力资源管理信息系统的测试。

系统测试是保证高校人力资源管理信息系统质量的关键，是对需求分析、系统设计、系统选择和系统安装的最终审查。在高校人力资源管理信息化的前五个阶段，会不可避免地产生一些差错，在编程过程中也会有一些问题。这些问题必须在高校人力资源管理信息系统运行前发现并解决，否则会在系统使用后造成非常严重的后果，改正的难度也会增大。在高校人力资源管理信息系统运行前，必须对其进行测试。

系统测试主要是对高校人力资源管理信息系统的完整性、集成性、易用性、灵活性、开放性和安全性进行测试。系统的完整性是指人力资源管理信息系统是否全面涵盖了人力资源管理的所有业务功能，并对每个业务功能基于完整的、标准的业务流程而进行设计。系统的集成性是指人力资源管理信息系统是否将其所含的功能模块进行拆分使用，同时又能将拆分的功能模块集成为一个完整的系统。系统的易用性是指人力资源管理信息系统是否有简洁、友好的人机界面，是否能直观体现人力资源管理的业务。系统的灵活性是指系统的用户能否根据用户的需求进行个性化的改造。系统的开放性是指人力资源管理信息系统是否提供给了强大的数据接口，是否实现了各种数据的导入、导出及与外部系统的无缝连接。系统的安全性是系统测试的最重要指标，一个安全性高的系统必须对数据库进行加密管理，有严格的权限管理和角色设置，还要建立日志文件记录用户对系统每一次操作的详细情况，建立数据备份机制并提供数据灾难恢复功能。

第七步：高校人力资源管理信息系统的培训。

系统测试完成后，必须对系统的管理员和用户进行系统操作和管理的培训。实现高校人力资源管理信息系统的良好运行，系统的管理员必深入了解系统的设计方案，掌握系统的安装与调试、软硬件环境的配置、基础数据的定义、系统的安全管理和数据备份、系统运行维护及系统常见问题的解决。对于系统的一般用户，培训的主要内容是高校人力资源管理信息系统的基本操作和一些简单问题的处理。

第八步：高校人力资源管理信息系统的维护。

系统在上线运行后，主要的工作就是对人力资源管理信息系统的日常管理和维护。系统日常管理的目的是让系统长期高效地工作，包括机房环境和服务器等设备的管理，更重要的是对系统每天运行状况、数据输入和输出情况，以及安全性与完备性进行及时记录和处理。系统的维护是指人力资源管理信息系统使用后，为了使程序时刻处于最佳的状态，使系统中的各种设备处于正常的运行状态，或者满足新的需要而进行修改和维护系统的过程。

系统维护是一项系统工程，主要涉及四个方面：软件维护、硬件维护、数据维护和代码维护。软件维护是指软件在使用后，为了保证软件正常使用和满足新的需求而对软件进行修改的活动，是系统维护中最重要的工作。硬件维护是指为了保证所有计算机和网络系统处于良好的运行状态，对计算机网络设备及其附属设施等进行的保养与检修工作。数据维护是系统投入运行后不断对数据文件进行评价、调整和修改。代码维护是指对各种代码如程序处理中的代码等进行增加、删除和修改等操作。

三、教育信息化背景下高校人力资源管理机制构建路径

（一）高校人力资源信息化管理的价值分析

1. 提高工作效率

高校的人力资源管理涉及的事务比较琐碎复杂，在高校人力资源管理过程中利用计算机、数据库、网络等智能化的设备，高效地完成人力资源信息的收集、整理、加工、存储、传播和使用等工作，可以使管理人员提高工作效率，将更多时间与精力投入高校人事改革及长远发展的战略思考等更高层次的工作中。同时，将信息化技术引入高校人力资源管理中，可以促使人力资源管理的各项流程系统化和规范化，提高管理效率。

2. 提供高效、优质的服务

高校人力资源管理涉及全体教职工，并且与教职工方方面面的切身利益相关。通过人力资源管理信息化建设，简化各项事务的办理流程，化繁为简，可以为教职工提供高效、优质的服务，使教职工在办理业务时能提高效率，避免等待和浪费时间，提高教职工满意度和工作热情，为高校健康发展提供保障，提高高校核心竞争力。

3. 信息共享，提高资源利用率

通过人力资源管理信息系统将各种文档资料以电子化、数字化的形式统一收集存储，便于教职工本人和管理者实时查阅与传递信息，可以实现信息资料的综合利用，并且在确保安全的同时，实现信息共享。借助共享信息，可以快速便捷地对相关信息进行梳理和归类，从而提取有效信息并开发出新的应用功能。

4. 提供科学的决策支持

高校每一项决策的制定都离不开大量的前期调研和数据资料的支持。通过人力资源管理信息系统建立准确、高效的数据库，需要时可以从系统中快速准确地提取有效数据信息，并在数据信息基础上加工、分析，得到可靠的统计信息，可以大大节约人力物力和时间，为决策者提供科学的数据支持，促进高校的可持续发展。

5. 规范人力资源管理流程

长期以来，人们都会将高等院校的人力资源管理工作看作是人力管理。近些

年来，高校的发展速度不断加快，其内部人力资源管理工作理念也在逐渐更新，其管理职能在不断拓展，逐渐向教师培训及团队创新等方向发展。如此一来，就要求此项管理工作在培养机制、整体规划及用人制度等方面采取规范化、科学化的管理流程。在实现人力资源信息化管理以后，人力资源的管理工作就能够更加重视运作体系，进而高效地完成相关管理工作。高校的相关部门必须采取有效的措施积极地制订完善的人力资源管理发展规划，并且在培训流程及人才引进流程等诸多方面进行进一步的优化与完善。通过信息化管理可以使管理职能得到进一步的细化与明确，在此基础上就使得各项业务流程更加完善、更加规范。

（二）教育信息化背景下高校人力资源管理机制的构建路径

1. 转变管理理念

高校人事部门首先要从转变自身开始，积极接受新的人力资源管理理念并在实际工作中加以实践。高校人事部门不能沉浸于以往的成功经验中，人力资源管理工作是不断变动的，并且当前中国高校也处在变革中，在实际工作中高校人事部门会经常遇到新情况、新矛盾和新问题。这时，高校人事部门不能因循守旧，要以积极的创新精神，接受和实践创新的人力资源管理理念，创造和采用新的人力资源管理手段和管理方法。

就高校人力资源管理工作而言，无论是学校的管理人员还是行政教职员工，都应当通过集中培训、加强宣传等方式使其认识到信息化转型的必要性和现代化智能人力资源管理的诸多优势。一方面，从高校管理人员的角度来说，人力资源信息化建设能够提升高校行政工作运转效率，让行政人员从重复性、机械性的工作中解放出来，开展更多创新性工作，加速高校体制改革的步伐；另一方面，从高校教职员工个体的角度而言，人力资源信息化能够减少行政事务处理时间，将审批、打卡等业务流程转移到线上，转移到移动通信设备上，有助于促进教职员工智慧办公，提升工作效率，能够更好地专注于学术科研等专业性工作当中。

高校人事部门是高校人力资源管理信息化建设的中坚力量，是人力资源管理信息化项目的推动者与实施者，是人力资源管理信息系统的管理者。因此，高校人事部门要从转变自身的管理理念开始，认真学习高校人力资源管理信息化的相关知识，积极推进人力资源管理信息化建设，大力推广人力资源管理信息系统。

2. 提高重视程度

高校领导层对高校人力资源管理信息化的认同与支持是高校人力资源管理信息化建设的有力保障。高校人力资源管理信息化建设不只是人事部门的工作，涉及学校内部的所有部门和所有的教职工，需要投入大量的人力、财力、物力，还要与学校的网络部门、教学部门、科研部门和财务部门等进行协调。这就要求高校人事部门必须争取学校领导层对人力资源管理信息化的重视，让学校领导层认识到人力资源管理信息化对学校发展和提高管理水平的重要性，以取得学校领导层的大力支持，使学校领导层能够从学校的大局出发领导人力资源管理信息化建设，协调好各职能部门的关系及职能部门与院系之间的关系，同心协力，有效调度建设人力资源管理信息系统的各种力量，为人力资源管理信息化提供必要的保障。

3. 培养人才队伍

人才是高校人力资源管理信息化建设取得成功的关键因素，是人力资源管理信息系统建成后正常运行的重要保障。高校人力资源管理信息化要对人事部门的各项业务进行需求分析，对每项业务的处理流程进行优化。因此，高校人事部门在进行人力资源管理信息化建设时，一定要动员全体工作人员积极参与到人力资源管理信息化项目中，在实践中培养人力资源管理信息化建设的人才。在高校人力资源管理信息化项目实施过程中，人事部门的工作人员最了解其所负责的业务，他们的积极参与，可以提供详细的业务需求，可以提供改善业务流程的建议，还可以参与信息系统的设计。通过参与高校人力资源管理信息化项目，人事部门的工作人员能够熟悉人力资源管理信息化的实施过程，了解人力资源管理信息系统的设计理念，能够快速掌握人力资源管理信息系统的操作方法，并能够在系统运行后做好管理与维护工作。

4. 严格执行实施过程

高校人力资源管理信息化必须严格按照高校人力资源管理信息化的一般实施过程进行，做好从系统规划到系统维护的每一个步骤。高校人力资源管理信息化项目都是受到时间和经费等限制的，要想人力资源管理信息化项目能按时投入运行，取得良好的效果，必须科学合理地为项目的每一个实施步骤分配时间及相应的人力物力，并严格按照项目进度进行管理。高校人力资源管理信息化建设既不能过于拖沓，使信息化项目不能按时完成，也不能太紧促，以致忽略或草率地完成某一步骤，使信息化项目不能取得预期效果。

5. 保证信息系统的正常运行

在高校人力资源管理信息系统的程序开发与设计阶段，开发人员应该按照软件质量保证的技术方法保证人力资源管理信息系统的程序质量，尽量防止编程中的错误，减少软件系统的缺陷。在校园网中，机房的管理人员及人力资源管理信息系统的管理人员要严格遵守安全管理制度，采取有效措施防止病毒与黑客的攻击，保证基础网络环境的安全，为高校人力资源管理信息系统的正常运行提供良好的环境。

6. 加强基础建设

为了有效提高高等人力资源管理信息化建设水平，必须从基础抓起，积极地做好基础建设工作。首先，对人事部门的在职人员进行培训，通过培训和学习掌握更多科学前沿的信息技术与相关知识，能够使其业务水平得到不断提升，能够熟练地掌握各种操作技巧。其次，要积极聘用一些优秀的具备较高专业知识素养与技术水平的新人，在岗位职责及招聘条件方面不断优化与创新，这样才能够为部门聘请到更多优秀的人才。最后，要充分结合人力管理工作者的素质水平，结合当前运用的信息技术体系的实际状况实现技术的更新，结合院校的发展现状，对新技术进行科学合理的选择与应用，使得技术能够适合学校的发展。不能盲目跟风，只有充分发挥新技术的应用价值，才能提高学校的管理水平。

7. 加强统筹规划

首先，要全面掌握学校人事制度的近期规划，了解其长远的目标，将近期的规划与长远的目标进行有机结合。要结合学校的实际状况，制定更加科学、完善的人力资源管理信息化决策，从而使得决策能够更加科学、有效，更加具有前瞻性，更加能够促进未来的长远发展。其次，要全面考虑人事工作的整体格局，要从各个整体出发做好统筹规划工作，完成信息化建设工作，确保人力资源管理信息化决策的全面性和准确性。再次，要全面了解人事工作的开展现状及信息化程度，并且进行科学定位，最终制定出更加准确、科学的策略。要创建完善的数据处理以及数据采集的标准体系，使得信息资料通用、共享，充分发挥其协同作用，使得学校的各个部门都能够积极合作、共同进步。最后，不同科室彼此间要进行团结协作，能够实现数据的共享，共同解决难题，使得更多的数据信息可以在不同部门同时使用，提高数据信息的应用价值。其他部门要提供大力支持，积极地配合，更好地推动人力资源管理信息化建设工作的顺利实施。

总之，随着时代的发展，信息技术与网络技术已经渗透到人们生产生活的各个方面，有效推动了社会的不断发展与进步，提高了人们的生活水平。在此时代背景下，为了有效地实现高校信息化的改革，有效促进各方面工作的顺利开展，高校要实现对信息技术的合理应用，在人力资源管理中积极地加强信息化建设，这样才能够更好地完成相关的各项工作，才可以充分发挥高等院校的重要作用，为社会培养出更多优秀的人才。

第二节 高校教师多维绩效考核创新

一、绩效考核的内涵和方法

（一）从绩效考核的内涵看高校绩效考核

目前，学术界关于绩效考核的论述主要有以下三种。一是绩效考核是指主管或相关人员对员工的工作做系统的评估，是一种衡量、评价、影响员工工作表现的正式系统，以此来揭示员工工作的有效性及其未来工作的潜能从而使员工本身、组织及社会都受益。它可以通过系统的方法、原理来评定和测量员工在职务上的工作行为和工作成果。二是绩效考核是在工作一段时间或工作完成之后对照工作说明书或绩效标准，采用科学的方法检查和评定员工对职务所规定的职责的履行程度、员工个人的发展情况，对员工的工作结果进行评价，并将评定结果反馈给员工的过程，以此判断他们是否称职，并以此作为人力资源管理的基本依据，切实保证员工的报酬、晋升、调动、职业技能开发、激励、辞退等项工作的科学性。从现象上来看是对员工工作实绩的考核，但它却是组织绩效管理决策和控制不可缺少的机制。三是绩效考核是对员工的一种评估制度，它是通过系统的方法、原理来评定和测量员工在职务上的工作行为和工作效果。

从上述三种论述可以看出，三者的共同点是，绩效考核是对员工的工作结果或工作行为和工作成果的评价。不同的是只有第二种认为是在工作一段时间或工作完成后的考核，体现出考核的时间性，指出是事后考核，考核的依据是工作说明书或绩效标准；同时，揭示考核结果必须反馈给员工。只有第一种说明考核的主体是主管或相关人员，考核的目的是衡量、评价员工工作表现，以此来揭示员工工作的有效性及其未来工作的潜能，从而使员工本身、组织及社会都受益。

人们把以事为中心的绩效考核定义为传统绩效考核，以人为中心的绩效考核定义为现代绩效考核，两者的区别主要在：一是前者是单向考核，后者是双向的，管理者与员工是战略伙伴关系；二是在侧重点上，前者注重行为和过程，即所谓没有功劳还有苦劳，没有苦劳还有疲劳，而后者更注重结果，随着员工知识水平的提高，个性的增强，更注重员工创新和自我价值的实现；三是对考核的结果，前者注重惩罚，体现出管理者的权威性，后者注重改善，因为惩罚是手段不是目的，对员工的惩罚所得与组织所受的损失相比，受损失最大的是组织，同时，惩罚并不能有效提高职工的绩效；四是从主管的角色看，前者主管像法官，掌握着对员工惩罚和奖励的权力，后者主管像教练，员工业绩不提高管理者更急，必须像教练一样教员工提高业绩。

高校生存和发展的关键是人员队伍建设，核心是教学、科研和管理队伍建设。高校教学、科研和管理人员以其工作的相对独立性、较强的自主性和较高的学术性及很强的成就动机等显示出该群体的特殊性。现代人力资源管理是指运用现代科学方法，对与一定物力相结合的人力进行合理的培训、组织和调配，使人力、物力经常保持最佳比例，同时对人的思想、心理和行为进行恰当的引导、控制，充分发挥人的主观能动性，使人尽其才，事得其人，人事相宜，以实现组织目标。可见，人力资源管理最关心的是人的问题，其核心是认识人性、尊重人性，强调"以人为本"。因此，高校传统的以工作为中心的人事管理有必要向以挖掘人的潜能，发挥教职工专长，加强个性培养，使教职员工和学校共同发展的绩效考核与绩效管理转变。

从绩效一词的组成来看，绩效考核中的"绩"指业绩，主要指工作所取得的成果，"效"主要指效果，即工作的效果。绩效考核可以理解为是对职工工作业绩和工作效果的考核。不同的岗位有不同的职责，绩效应是履行岗位职责所取得的，绩效考核的着眼点是工作岗位，离开工作岗位谈不上绩效考核。不同的工作时间会产生不同的工作成效，工作绩效的考核应是在一定时间内的工作考核。绩效衡量标准是工作岗位的要求，体现出绩效的方向性。效果是工作对象对工作人员工作的反映，只有与员工的工作有关的人员才能对该员工工作效果做出客观反映，所以，对高校教职工工作效果最有发言权的考核主体应包括工作人员的上级、下级、同事、教师所教学生或职工服务对象及教职工自己。

根据人力资源管理理论，高校绩效考核的目的主要在于人力资源的开发，即了解教职工的工作情况，在建立有效的激励机制的同时，还进一步对工作的自身因素和环境因素进行分析，寻求更高的个人业绩和组织业绩。通过培训发展员工的能力，使岗位与能力相匹配，通过岗位转换做到人尽其才等，最终达到个人绩效与组织绩效双赢的效果。

总之，绩效考核是人力资源管理与开发的手段、前提和依据。绩效考核是人力资源管理中很重要的一个环节。高校教职工的绩效考核是"知人"的主要手段，而"知人"是用人和发展人的主要前提与依据，即它是学校工资管理、人员晋升，特别是人员合理使用和培训的主要依据，是调动员工积极性的重要环节。

（二）高校绩效考核是开发高校人力资源的着力点

1. 绩效考核是为了"知人"

绩效考核通过对职工工作业绩和工作效果的考核，了解职工的工作能力、工作态度、特长、工作效率、工作质量，以及上级、下级、同事、专家及被考核者对其工作业绩和工作效果的全面评价，从而对其工作情况有一个较为全面的了解，了解其工作中的长处和不足，了解其在工作中的个人的发展和工作潜力。绩效考核是"知人"的主要手段，而"知人"是用人的主要前提和依据，即绩效考核是人力资源管理与开发的手段、前提和依据。高校教学科研和管理人员往往都具有较高的学历，本身所学专业与从事的本职工作有的存在较大的差异，即使专业对口所用的也只是所学专业领域中很少的一部分，现任工作岗位能否发挥其专长，其特长是什么，这是用好人的关键。所以，高校要充分发挥教职工的积极性、创造性，尤其要重视对人的深入了解，只有知人，才能善用。

绩效主要是在工作中体现出来，考核的内容由各种指标构成，指标制定的主要依据是岗位职责，不同的岗位履行职责的内容和要求不同，所以其指标体系也不一样。一岗一表的考核方法虽然能充分反映其工作实绩，但可操作性不强，考核体系能简化的尽量简化，但过于简化易使考核流于形式。目前，高校教职工考核往往都是采用统一的考核表，高校除教学科研工作岗位外，还有众多的管理岗位和教辅工作岗位，考核指标脱离具体工作岗位只能使考核流于形式。由此也不难理解，每年的评优评先进变成了一种福利，由于按比例下达名额少的部门，工作成效无论怎样好也享受不到这种"福利"，这种考核对学校的发展很难起到促进作用，难以调动教职工的积极性和创造性。同时，由于这种评优与职称晋升、暑期休养等挂钩，如此连锁的福利，对学校的发展阻滞作用可想而知。而绩效考核通过每个人工作岗位职责的履行情况对人的工作能力进行分析，一个人工作业绩突出表示其适合这一工作岗位，工作能力强，在这一工作岗位上能充分施展其才华；反之，则表示可能是人岗不相匹配，难以取得工作业绩，或工作环境抑制其才华的施展，或本身能力欠缺。需要指出的是，绩效考核是以工作岗位为视角对员工进行的考核，对于从事本职工作以外的能力则无从考核。绩效考核强调考核中的反馈，通过反馈与考核对象沟通，弥补因单向考核而导致的片面性，以达到全面地了解人的目的。知人是用人的基础，也是发展人的基础。绩效考核是从岗位工作出发对人的考核，通过考核来了解员工，决定人力资源开发的计划与政策，决定对不同的员工采取不同的培训方法，给予不同的薪金。同样，学校的绩效考核对开发人力资源具有重要意义，可以利用考核信息来激励、引导、帮助员工提高能力，提高绩效，端正态度，使员工从怕考核变成要考核，考核找差距找问题，是为了部门健康成长，能超越自我，给职工以更强的竞争力，给集体以更强的竞争力，所以，考核无论对个人和对集体都是一种福利。

2. 绩效考核是为了人的发展

传统人事管理的特点是以"事"为中心，实质是美国古典管理学家泰勒（Taylor）的"人是经济人"的思想，用的是泰勒科学管理模式，其结果是制定工作定额，增加工资、奖金，实行严格管理。要求每个职工一定要把本职工作做好，把工作摆在首位，只有工作好才表示工作能力强，才能获得高工资、津贴和奖励，考核及管理成为控制人的一种手段，考核只停留在获取考核结果上。

现代人力资源管理以"人"为核心，管理的出发点是着眼于人，目的是使单位取得最佳经济和社会效益。其实质是美国现代管理之父巴纳德（Barnard）的人本主义思想，人是社会的人，采用行为科学理论，开发人力资源。绩效考核是为了人的发展，主要表现在两方面：一方面组织利用绩效考核过程和考核结果来帮助员工，分析绩效不高的原因，排除各种不利因素，促使员工在绩效、行为、能力、责任等多方面得到切实的提高。人力资源部根据考核的结果制订培训计划，达到有针对性地提高全体员工素质的目的，以推动学校各项事业的发展，同时，还可以发现员工的长处和特点，根据其特点决定培养方向和使用办法，充分发挥个人的长处，促进个人的发展。另一方面，个人通过考核了解自己的长处与不足知道领导与同事对自己的看法，以便扬长避短，在工作中不断学习提高自己的能力。考核不单纯是决定员工奖金多少、职级升降，而主要是促使每个员工奋发向上并帮助员工发展的重要手段，如同对员工的体检。

由于高校教职工都有很强的成就动机，为提高个人的工作业绩进行的考核与培训，对加强师资队伍建设，提高学校整体办学水平具有重要意义。而传统的人事管理却往往背离绩效考核的目的，绩效考核只是用来评价员工的工作状况，已降格为只是决定工资提升与否、奖金发放多少的凭证，改善绩效功能的弱化和残缺使得考核体系存在的价值大为降低。

3. 绩效考核是为了人岗匹配

绩效考核的标准是针对岗位来确定的，而不是针对某人而言的。绩效考核是以岗位职责为依据，对员工履行岗位职责情况进行的考核。如果一个人工作能力很强，但业绩不理想，原因可能有多种，一种是工作条件和其他环境不利于工作的开展，一种是人际关系紧张，也有可能是工作岗位不适合其能力的发挥，即能力与工作不匹配，通过转换工作岗位往往可以取得好的绩效。绩效考核是为了给每个岗位匹配找到最适合的人和让每个员工找到最适合的岗位。

"垃圾只是放错了地方的财富。"善于用人，是一个单位一个部门成功的关键。绩效考核识人的目的是用人，把人放到最能发挥其专长的岗位。为了使每一个员工能在最适合自己的岗位工作，有人提出，绩效考核应对员工进行适应性评价，即对人岗匹配，可以每隔几年评价一次。尤其是对刚应聘来工作的毕业生，工作一年后要进行一次适应性评价。其做法是人力资源部将适应性评价申请表下发到各部门，与有意转岗的员工面谈，根据其自身特长与潜力，做到人岗的最佳匹配。高校干部的换岗锻炼，是干部在工作中提高各方面能力的重要途径，如何使更多的人找到最能发挥其才能的工作岗位，是人事管理向人力资源管理转变的重要方面。但高校中传统的人事管理在考核中缺少与考核对象的沟通，没有建立起反馈机制，也没有根据考核结果对职工进行培训的机制，甚至在考核指标中很少涉及具体工作岗位，考核结果难以反映出工作岗位职责的履行情况，年终总结性的考核也往往流于形式。

4. 绩效考核是为了达到组织和个人发展的"双赢"

绩效考核既是一种正式的员工评估制度，也是管理者与员工之间沟通的一项重要活动，其最终目的是改善员工的工作表现，在实现组织目标的同时提高员工的满意程度和未来的成就感，最终达到组织和个人发展的"双赢"。绩效考核强调组织与考核对象的沟通，更强调实现个人与组织的共同发展，所以，发展是考核的主线。

高校传统的人事管理把人作为一种成本，即作为一种完成某项工作履行某种职责的工具，不少教师称自己为讲课机器，学校注重投入、使用和控制；而现代人力资源管理把人作为一种资源，注重开发和保护。根据现代管理思想，考核的首要目的是对管理过程的一种控制，其核心是了解和检查员工的绩效及组织的绩效，并通过结果的反馈实现员工绩效的提高和组织管理的改善。人力资源管理中衡量绩效总的原则在于是否使个人的工作成果最大化，是否有助于提高组织效率。个人的工作成果最大化一般都有助于提高组织效率。对个人的工作绩效评价必须以有助于提高组织效率为前提，否则就谈不上好的工作绩效。

绩效考核使工作过程保持合理的数量、质量、进度和协作关系，使各项管理工作能够按计划进行。对员工本人来说也是一种引导手段，使员工时时牢记自己的工作职责，从而提高员工按照规章制度工作的自觉性。

5. 绩效考核可采用各种方法实现不同的目的

绩效考核是人力资源管理中主要的评价和控制手段。为全面了解员工的工作绩效，人们提出了各种考核方法，如员工比较评价法、行为对照表法、关键事件法、等级鉴定法、目标管理评价法、行为锚定评价法等。这些方法各有千秋，为了实现人事管理的各种目的可采用不同的绩效考核方法。

由于员工的绩效是多方面多层次的，所以，绩效考核的各种方法都有其长处和不足。绩效考核各种功能的实现必须依赖于特定的考核方法，但不管何种方法，绩效考核反映的都是对员工单位所做的贡献的多少，因此，将考核的结果作为确定员工晋升与否、奖惩和各种利益分配的依据是科学合理的。尽管这确实会对员工带来一定的激励，但仅把考核定位于确定利益分配的依据，考核在员工心目中就被看作一种管、卡、压的方式，从而产生心理上的压力，或使考核流于形式。

（三）绩效考核方法

一般来讲，绩效考核工作要做到以下七点。

1. 建立绩效考核的指标体系

建立绩效考核指标体系的核心是考核内容的合理确定。主要从三个方面对员工工作绩效进行考核，即员工所处岗位的性质，员工在这一岗位上的工作业绩，以及员工的个人素质。

①员工所处岗位的性质。员工的工作能力和努力程度对工作绩效的影响在一定程度上受岗位性质和工作环境等因素的制约。工作岗位的不同会造成对员工考核的误差。为克服这一误差，本方案引入了岗位重要性指标体系。对员工所处工作岗位的重要性进行测量，员工取得的成绩与其承担的工作责任和工作风险相结合，对关键岗位和对非关键岗位的评分体现出合理的差别。岗位重要性指标体系所包含的子指标主要有：对工作结果的负责程度、工作决定的影响范围、完成工作的方法步骤、直接监督人员的层次、工作风险和工作压力。

②工作业绩。工作业绩考核是用计划目标水平（任务标准）去检查员工在预定期限内完成任务的情况。该项考核的重点在于产出和贡献，而不关心行为和过程。工作业绩指标体系所包含的子指标主要有：工作质量、工作量、工作效率和工作考勤。

③员工个人素质。对员工个人素质进行考核，主要是从单位长期发展的角度来考查员工对本职工作的胜任程度。考核员工个人素质，不仅可以使员工了解自身存在的不足，并不断加以改进，还可以使领导了解本单位整体的人力资源状况，并以此制定提高员工整体素质的措施。例如制订培训计划和引进人才等。对员工素质的考核主要从工作能力、个人品德和知识能力等三个方面进行。工作能力考核的具体指标为领导能力、创新能力、应变能力、协调能力、决策能力、执

行能力和理解能力。个人品德考核的具体指标为事业心与责任感、思想水平、道德品质、人际关系和遵纪守法情况。知识能力考核的具体指标有知识支撑能力、知识运用能力、知识学习能力和知识促进其发展的潜力。

对上述的各项指标进行分析，找到各指标间的相互关系，进而建立层次结构模型，并在此基础上，确定考核指标的权重。为提高考核结果的可比性与客观性，可采用层次分析法或专家打分法。在具体确定考核指标权重的过程中，应广泛征求各类人员的意见后确定相对重要性系数，从而使这套指标体系的应用得到员工的充分认可。

2. 定性与定量结合

任何一个考核制度都不可能尽善尽美，有些考核标准无法量化，难以把握，特别是素质评价和工作质量评价都带有一定的主观成分。在评价方法上，有定性的评价和定量的评价。一般对业绩的评价可以定量，对素质的评价只能以定性为主。定量评价比较客观且准确，而定性评价的主观性和模糊性比较明显。为了解决评价的客观性及准确性矛盾，一方面对业绩和素质二者考评，侧重于客观和准确评价的业绩考核；另一方面要采用数学工具来实现模态转换，即在素质考核中，量化各项考核指标，以提高其客观性和准确性。考绩与考评必须先分后合。业绩是短线考查项目，素质是长线考查项目，应该明确分工，先分后合。每月考查业绩，年终评定素质，最后按照一定比例综合形成干部员工的全年得分。这样，可以在业绩评价中克服评分者年终笼统凭印象评分所造成的主观性。定性的评价方法也多种多样，而且各有利弊。总之，没有任何一种考评形式是十全十美的，只能凭借数学工具，通过它们之间的一定比例的互相牵制，才能使总的评价尽可能地做到客观、公正和准确。

3. 过程考核与年终考核并举

考核是为了激励与提高员工的工作积极性，所以考核结论要及时反馈给被评人。表现好的要及时给予肯定表扬，表现不好的应及时提醒。到了年终考核时，所有的评价都是根据平时的表现而定，这样不仅有说服力，而且人力资源部门的工作也不会繁杂。

4. 标准科学化

考核标准不能根据实际情况的变化而修改，而是多年沿用，一成不变，这是考核的一大缺陷，是科学考核最为忌讳的。考核标准的单一化还表现在对被考核者没有进行分类考核，不是按照个人所从事岗位的特点，采取不同的考核方式，而是运用统一的标准和统一的表格进行考核。这种考核即使能取得一定的效果，也只是侥幸得逞。

5. 正确运用360度考核

在人力资源考核中，360度考核是一种很好的考核方式。360度考核是在考核领导和员工为了自我发展及自我提高时使用。考核者是上级、下级或同事，是让某一员工熟悉的周边同事对其进行评价。其前提是考核者要熟悉被考核者。360度是指周边人士要了解圆心——被考核者的日常工作职责，了解其日常工作状况。也可由被考核者自己在周边同事中选择几个人来做评价。对于考核的结果由外面的专业机构来分析，这样可以保证结果的客观性与科学性。这种考核不用担心考核者与被考核者之间的关系如何，考核结果客观真实。因为这种考核是为了发现员工自己的不足，找到完善自己的方式，倘若让不了解该员工的人去进行评价，其结果可想而知。

6. 注意考核的经济性和效益性

在传统的人事管理中，成本观念和经济观念非常薄弱，很少有人对人事管理的效率进行投入产出的经济性分析，认为人事部门只是一种成本部门。在这种观念指导下的人事考核乃至一切人事管理活动，都没有一个效益观念。在此观念的指导下，很多单位为了考核而考核，兴师动众，花费了不少的时间，耗掉不少精力、财力和物力，却效果甚微。与此截然相反的是，现代人力资源管理引入了成本-效益观念。认为人力资源管理活动同其他各项管理活动一样，其最终目的都是为了创造价值，增进收益。科学考核的目的是增强员工的凝聚力，引入竞争机制和激励机制，从而间接地增进单位的经济效益。

7. 绩效考核结果的反馈

考核是一种手段，不是目的。考核能提供很多有用的信息，但是决不能仅依据考核结果就对员工盖棺论定，而应该把考核结果作为更好地了解员工的手段。考核结果出来之后，应给员工提供持续性的反馈，使员工了解自己的业绩状况和考核结果。同时，创造一个公开的通畅的双向沟通环境，使考评者与被考评者能就考核结果进行及时有效的交流，并在此基础上制订员工未来事业发展计划。一个比较可行的方式是建立评价会见机制。这样，绩效考核才能真正发挥其效用，提高员工的素质，实现组织发展目标。

总之，员工考核作为现代人力资源管理的一项重要内容，它涉及员工的切身利益，在实践操作中必须认真、严谨、科学、细致地进行，以达到员工考核的真正效果。

二、高校教师多维绩效考核原则

高校开展教师绩效考核对促进学科的建设和发展，提高师资队伍的整体水平具有非常重要的作用。考核的目的概括起来主要体现在四个方面：一是评价教师的业务水平和工作业绩；二是为教师的职务晋升、岗位聘任、调薪和奖惩提供依据；三是为教师的合理使用和培养提供依据；四是调动教师的积极性和创造性。随着高校岗位设置管理工作的逐步实施，将高校全员聘用制工作推向了新的阶段。其中，对高校教师绩效考核提出了更高的要求。围绕着新时期加强教师队伍建设，促进学科的建设与发展，促进教育资源的整体优化，高校在国家相关政策的指导下，在教师绩效考核方面开展了有益的尝试，如设计量化考核指标体系，将教师的绩效考核与岗位聘任、收入分配机制相结合等。

中国现阶段实施教师业绩考核和分配机制改革应遵循以下一些基本原则：

（一）激励与约束对等原则

按照现代人力资源管理的基本原理，任何一个岗位的义务和利益应当是对称的。因此，对教师的工作业绩考核应当同时考虑激励和约束两个方面。业绩考核的结果直接与收入分配挂钩，充分体现按劳分配、优劳优酬的原则。对考核结果优秀的教师要给予奖励，但同时对不同岗位的教师也要规定其应完成最低工作量标准。

（二）全面考核原则与相关性原则

作为一名教师，每一个人都应当对学校负有三方面的义务：教学任务、科研任务和公共服务任务（包括学科建设、人才建设等）。在保证学校完成全部教学任务、不断提高教学质量的前提下，鼓励教师从事学科研究活动和公共管理服务，以全面提升学校的学术竞争力。

全面考核的另一层意思是：在教学、科研和公共服务三个方面分别也要考查多个侧面。对于教学，要考核数量、质量、学生指导和教学创新性等；对科研要考查科研投入（经费、立项等）、科研成果（论著、获奖、专利、鉴定等）、学术影响（担任国内外重要学术职务、主持国内外重要学术会议、担任国内外重要学术期刊编委等）等；对公共服务的考核要涉及学科建设、梯队培养、学术交流、教书育人等。

相关性原则指的是考核内容应同学校事业发展相关。业绩考核与收入分配改革的根本目的在于促进学校事业发展，而不是仅停留在给教师发放福利，更不是吃平均主义"大锅饭"。通俗地说，收入分配改革只向那些对学校事业发展有所贡献的工作业绩进行倾斜，对于延缓学校事业发展甚至损害学校形象的行为不仅不能奖励，而且还要给予约束和必要的惩罚。

（三）恰当的定量化原则

为了使考核活动更加具有实际可操作性，建议采用对各类业绩评分的方式来考核教师的业绩。根据全面考核原则，在对教师的业绩测算中，应当注意每一个人在教学、科研和公共服务业绩三方面的均衡，每一方面单项业绩有一个"最低单项绩点"。这样，就不会造成某些教师只承担教学工作，从不做科研；而另外一些教师只做科研，从不承担教学工作。此外，对每一个教师都有的最低公共服务绩点要求，将增加教师对学校事业的关心程度，提高学校的凝聚力。同时，对公共服务业绩的认可，将客观地承认教师在管理工作中的付出，更好地调动他们的积极性，增强学校的凝聚力。同时也使专业学院院长、系部主任在管理工作中有真正到位的精力和时间投入。现代高等学校的基本任务一是培养人才，二是创造知识。因此，无论研究型还是教学型大学，对教师的业绩要求都应当在教学、科研和公共服务三方面是均衡的。其差异仅在于三方面的权重不同。因此，制定定量标准是必要的，但如何使用这种标准就需要更深入、更切合具体单位实际地研究。任何"一刀切"式的"粗暴的定量主义"行为都只能适得其反。

（四）学术自由与个性化原则

对于教师各个岗位而言，上述定量考核应当仅规定其必须完成的各项工作

（教学、科研和公共服务）的最低绩点，更重要的是应当为每一个教师预留相当大的弹性工作时间。哲学家于光远曾经说过，自由是创造的前提。在业绩考核中设计这种弹性框架的目的正是在于为教师提供必要的学术自由和灵活性，他们可以根据自己的兴趣和特长、实际工作需要等情况，在一定程度上自由地选择从事教学、科研和公共服务的任意组合，从而使自己的劳动付出获得最大的收益。现在流行的考核方式往往忽视了这种十分重要的灵活性，其原因并不在于灵活性本身不重要，而是引入灵活性后会使考核的难度增加，而人们对此普遍缺乏研究。当然，为了保证学校教学工作的完成，还必须要求每一个教师服从学校对其教学工作量的合理安排，并把这种服从看作是完成最低公共服务工作的前提。

学术自由的原则还体现在考核期的长短和考核指标的时间跨度上。太短的考核周期将扼杀学术自由，使教师只重数量不顾质量；而太长的考核期又可能引发一些不那么敬业的教师的机会主义倾向。因此，参考目前国内一些学校的做法，以三年为一个考核周期比较适宜，并在每一年年末进行中期业绩检查，给予提示。考核指标也主要以考核周期中的"年平均"指标来表示。这一点也是一种创新，因为国内大部分学校现行的考核期都是一年，而国外学校的考核期则比较长一些。

考虑到每一个教师都有其不同的特点，对于在同一种岗位上的不同教师，其每一个"最低单项绩点"可以略有不同，但其分项绩点总和必须是一致的。人们可以粗略地将教师分成五种类型：主要从事科研的"科研型"教师、各专业系中普通的"专业型"教师、主要承担基础性课程教学的"基础型"教师、承担有院长或系主任等行政管理工作的"管理型"教师、目前正在攻读博士学位的"在学型"教师。其各自的教学、科研和公共服务的最低分数要求应当是不同的，因为他们所从事的工作性质不同，对业绩的考核应当充分考虑到每个教师工作的个性。

一个基本的设计是：对于同样的岗位，在单项最低绩点之和相同的前提下，对上述五种不同类型的人员分别确定不同的"最低单项绩点"。对于每一个具体的教师的具体单项分数要求，应当由其聘任者根据实际情况，在学校所制定的岗位职责指南的原则基础上具体确定。当实际单项分数要求与指南有显著的差异时，制定该要求的聘任者必须向有关上级给出令人信服的说明。这种具有弹性的业绩要求制定方式是一种创新，因为迄今为止，大多数学校的业绩考核方式还是"一刀切"的简单方式，没有真正考虑到个体差异和实际工作的需求，而本文的这种设计则可以在灵活性和规范性之间取得一种平衡。

（五）学术团队建设原则

学校事业的发展主要靠具有学术竞争力的梯队。因此，任何一种业绩考核设计都应当把有利于建设若干由学术带头人所领导的精英团队作为重要目标。为了体现这种思想，第一，所设计的每一个教师岗位并不唯一地对应某个职称，每一个岗位都可以在一定程度上由具有不同职称的教师来参加竞聘，从而调动全体教师（特别是年轻教师）的积极性，有利于拔尖人才的脱颖而出；第二，对于以群体方式参与重要科研活动的教师，适当地承认那些"非第一人"的教师的工作成绩。

（六）诚信原则

业绩评估的有效性取决于每一个教师申报的业绩评估材料的真实性。为了提倡学术诚信，在进行业绩考核时，采取以下基本考核步骤：教师自己填写考核表；各个专业院、系负责审查每个教师考核表的真实性；学校有关部门随机抽查经院长或系主任签署意见的考核表，并对其真实性做出判断。在这个过程中，所有真实性审查的结果都将作为对被抽查教师、院长或部主任的业绩考核结果的重要依据之一。

（七）逐步优化原则

对教师业绩的定量考核，其基础是对不同性质的工作进行度量，使之具有相互可比性。这个工作是一项困难的任务，不可能一次性完成，需要经过实践的检验和校正，通过各类工作量的"供给"和"需求"的动态均衡来完成。在初始方案的基础上，通过征求教师的合理意见、实践检验等逐步优化各项工作量之间的相对比例关系，从而正确地引导教师优化自己的工作量组合，在获得个人最大收益的同时使学校的事业也得到均衡和高速的发展。

（八） 可操作性原则

制定考核标准的目的是进行考核。过去常常发生的情况是标准制定了不少，但无法进行实际的考核操作，究其原因，大多是缺少规范、可操作的考核程序和方法。因此，在进行业绩考核时，除了制定考核标准之外，另一项更重要的工作是制定考核的操作办法，设计和建立业绩考核的组织机构并规定其各自的功能职责和它们之间的协调合作关系。

（九） 特色原则

开展业绩考核，需要进行教师岗位设置、制定岗位聘任条件和岗位职责。由于各高校发展的历史和水平不尽相同，因此在制定政策和办法时要与本校的实际情况相结合，要考虑到学校本身的发展定位问题，特别是在教师的岗位设置方面要体现自身的特色，切忌照搬照抄；在制定岗位聘任条件、岗位职责时既不能降低标准，也不能高不可攀，要充分考虑本校现有教师队伍的实际水平。同时，由于中国现阶段还未实行高等学校高层管理者和管理职员的"职业化"制度等严格管理，在制定考核标准时也应当注意到各个学校在这些方面的实践特征。

三、高校教师多维绩效考核系统

（一） 高校绩效考核的现实意义

作为人力资源管理的一个重要组成部分，绩效考核不仅是对员工工作实绩的考核，而且是组织进行管理、决策和控制不可缺少的机制。绩效考核指的是对工作行为的测量过程，即对照工作目标或绩效标准，采用科学的定性和定量的方法，评定员工的工作目标完成情况、员工的工作职责履行程度、员工的发展情况等，并且将上述评定结果反馈给员工的过程。

教师考核能够较全面地了解教师的实际状况，反映教师队伍的整体素质和水平。同时，也是对教师管理水平和效益的鉴定，使管理人员更加清楚地知道工作中的问题和差距，及时采取相应措施，解决各个工作环节中暴露的问题，不断改进和完善管理工作。通过考核，教师管理部门能够了解教师岗位需要与教师个体水平是否相适应，教师队伍整体结构组合是否优化合理，教师的工作质量是否符合要求，教师的培训计划是否收到理想的效果，等等。

教育的投资再大，硬件再好，如果没有高质量的教师，学校的办学质量也无法提高。加强教师队伍建设，是提高学校教学、科研水平和人才培养质量的关键，就学校而言，其教师个体素质的高低和整体水平的强弱，直接关系到办学效益的优劣。提高教师素质，加强队伍建设，要采取各种措施，运用各种方式，而通过科学、公正、严格的考核，客观、准确、权威地评价教师个体的和整体的能力与水平，则是一切工作的前提。

（二）构建科学、系统的高校绩效考核体系的研究

1. 对不同学科的教师应采用不同的业绩考核办法

一所高校往往包含许多学科，由于各学科存在差异性，其研究探索的途径、方法，研究周期的长短，获得成果的形式都各不相同。因此，不能用统一的标准去考核所有学科的教师，否则，有失公平。当然也不可能每个学科都制定一个评估指标体系，这样无法统一。对人文社会科学的考核要侧重于研究成果的质量，要正视其客观存在的研究周期。否则，论文或著作要求的数量越多或赋予每本书籍字数的分值越高，都会引导教师一味追求出书和数量而放弃质量。所以，对人文社会学科教师的绩效考核不应要求其在短期内必须出多少成果，要给予他们充分的积累时间。

2. 对不同的教师采用不同的考核期限

大多数高校教师事业心强，对自己的教学和科研孜孜不倦，特别是一些连续几年考核都是优良，且长期从事教学、科研岗位工作并取得一定成果的教师，应为他们提供一个比较宽松的科研环境。因此，可采用三至五年考核一次的办法。当然，对于一些事业心不强，不刻苦钻研业务知识的教师或不思进取的平庸者，要加强考核力度。对连续三年平均教学或科研达不到本学科同类教师平均工作量者，采用低聘岗位或不聘的办法。

3. 在考核教学科研数量的同时更加重视教学科研工作的质量

考核教师教学工作时，除应有一定的数量要求外，应把学生对教师授课质量的评估和教师从事的教学改革工作及教学方法的好坏作为重要指标，而不只以课时数

的多少来评价教学成绩的好坏；评估论文、著作，不能仅看刊物或出版社级别的高低，还要看引用率、转载率；评估科研项目，不能只看课题级别的高低和项目经费的多少，更要看项目本身有多大的意义及所产生的社会效益和经济效益。

4. 及时有效地反馈绩效考核结果

考核是一种手段，不是目的。考核能提供很多有用的信息，但是决不能仅依据考核结果就对教师妄下定论，而应该把考核结果作为更好地了解教师的手段。考核结果出来之后，应给教师提供持续性的反馈，使教师了解自己的业绩状况和考核结果。同时，创造一个公开的通畅的双向沟通环境，使考核者与被考核者能就考核结果进行及时的有效的交流，并在此基础上制订教师未来事业发展规划。一个比较可行的方式是建立评价考核全面机制。这样，绩效考核才能真正发挥其效用，提高教师的素质与道德修养，实现组织发展远景目标。

四、基于指标集成的高校教师多维绩效考核方法

绩效考核是高校教师人力资源管理的核心环节。是否具有完整的考核指标体系和科学的考核方法直接决定着能否取得客观、全面的绩效考核结果，进而影响奖酬方案的公正与合理，这与教师群体工作积极性和人力资源效能的发挥息息相关；更重要的是，绩效考核这一"执牛耳者"在根本上牵制着高校教师人力资源多元功能的发挥方向和发挥程度，因此，深入研究高校教师的绩效考核方法便显得尤为重要。

（一）高校教师资源属性及绩效考核原则

高校教师作为典型的事业人群体，其人力资源属性具有以下特征。①从事人格教育与科学研究工作，事业目标没有客观极限，因此具有持续的工作欲望和动机。②教育效果和资源效益显现周期较长。③典型的脑力劳动者，工作投入程度和工作成果难以测量。④自主性需求较高。⑤人力资源具有多元功能。

鉴于上述特性，高校教师的绩效考核遵从如下原则，才能调动考核对象的工作积极性，激发高校教师作为事业人的巨大潜能。

1. 量化考核原则

绩效量化是保证考核公正的重要途径。通过量化目标绩效为教师明确工作要

求，利于目标管理制的推行；量化实际绩效便于统计与考核及教师间的横向比较，为评优、职称晋升、奖酬发放甚至解聘提供客观凭证。高校教师所从事的脑力劳动具有不可视性和重复程度低的特点，决定了其工作投入程度、工作量、工作成果难以测量，为绩效考核的定量化带来了困难。但这绝非否定定量考核的理由，相反，要通过深入、细化高校教师教学量、教学效果、科研量、科研等级、科研实效等绩效指标，逐一量化，进而集成考核，来避免绩效简单量化所产生的不足，保证定量考核的合理性。

2. 全面考核原则

高校教师除了具有教学、科研等直接功能外，还兼具教育行业所潜在要求的育人、社会服务等功能，尤其在知识经济即将到来的时代，高校教师有条件并应该担当道德教化、文明传承和科技普及的角色。考核对象具有全面行使多重职责的能力和意愿，考核体制就应该相应设计多元化的指标体系，统筹考评，引导并鼓励高校教师创造全方位的社会效益。当然，对于各考核模块及考核指标在综合考核中的比重和地位，可以通过合理设置模块/指标权重来协调，以便突出重点或服务于高校/院系特定的发展战略。

3. 集成考核原则

分项指标考核在全面评价教师工作绩效的同时，必须经过考核结果集成转化为反映教师总体水平的绩效考核值，才便于奖酬、评优、培训等后续人力资源管理实践所利用。分项考核值的向上集成模型多种多样，不同模型适用于分项指标间的不同关系，同时，选用不同的集成方法用于不同的考核结果。

4. 动态考核原则

动态考核原则体现在三个方面：①考核指标为开放性体系，可以根据特定高校或院系的实际状况与发展战略添加或增减考核指标项；②各子系统、要素、指标在上级考核系统中的权重根据实际情况适时更新；③通过指标集成绩效考核的电算化，缩短考核数据处理周期，加快考核频率，以提高绩效考核结果对教师实际绩效的响应性。但在某一考核周期内要保证考核体系的确定和统一。高校教师绩效考核的四个基本原则并不是相互独立的，在指导考核体系的建立与考核方法选择过程中要彼此结合，恰当处理分项指标与集成考核的关系、指标量化与主观打分的关系、权重确定与动态调整的关系，真正做到高校教师绩效考核效率与公平的兼顾。

（二）高校教师绩效考核指标体系

根据大多高校（尤其是研究型大学）的实际情况，并遵从高校教师事业人群体的基本属性和上述考核原则，将其绩效考核体系划分为考核系统、绩效子系统、绩效模块、绩效指标四个层次。其中，绩效子系统划分为显性绩效子系统和隐性绩效子系统；显性绩效子系统划分为教学模块和科研模块，隐性绩效子系统划分为育人模块和服务模块；教学模块进一步细分为教学量指标、教学效果指标。科研模块进一步细分为科研量指标、科研等级指标、科研效果指标。育人模块进一步细分为育人活动投入时间指标、育人活动效果指标。服务模块进一步细分为社会服务投入时间指标、社会服务效果指标。

在这样的考核指标体系中，底层的指标项还可以更深入地细分，如教学量包括课时量、学生数量、课程等级、课程难度等要素；教学效果包括学生平均成绩、学生对课程的认可程度、学生对课程的反馈意见等要素；科研量包括科研经费量、科研投入时间、科研投入人数等要素；科研等级考虑科研项目属于国家级重大、重点项目，或省部级项目，或服务地方的应用型研究项目，或自选项目等要素。

上述有关教学和科研的考核是近年高校教师绩效考核的重点，具有丰富的细化考核经验。但对于隐性绩效中的育人和服务模块的考核相对不足，大多未列入教师绩效考核的主流体系，而只作为专项评优的考核内容。因此，将育人和服务绩效纳入教师考核的综合体系中，是针对高校教师作为典型事业人所表现出的资源属性，通过绩效考核体系的重构，深入挖掘事业人力资源潜能的尝试。

高校教师隐性绩效中的各个指标也分别包括众多可供考虑的要素，如育人活动指标涵盖单位周期内教师参加师生文化、体育活动的次数、时间，举办或参加人文讲座、生活沙龙等活动的频率，具体指导、帮助研究生或特定学生的时间，教师与其他师生的合作关系，同事或学生对教师待人接物、工作作风的评价等；社会服务指标涵盖教师从事科技普及、咨询等公益性活动的时间、频率及其社会效果等。这些指标在考核的初始会面临组织困难、数据难以统计等问题，但是当信息收集渠道和方式确立之后，会逐步走向程序化，并成为激发事业人全面价值、促进教育伦理回归的实践切入口。

（三）赋值与集成模型

1. 指标层业绩值确定

制订全面详细的指标级目标业绩和指标业绩折算方案；统计或搜集教师各业绩指标上的实际业绩情况，按折算方案确定该指标业绩值。其中，对于教学量、科研量、育人活动投入时间、社会服务投入时间等客观项目进行直接统计；对于科研成果价值、咨询服务社会价值等要素可由学术分会或专家打分确定；对于教学效果、育人效果、教师工作作风等要素可通过系统化的学生评价表、教师互评获得定量数据。各指标包括的可考核要素多种多样，且为开放性的系统，因此，不一一列举其折算方案。

2. 层级权重确定考核体系

层级权重确定考核体系中，各层级的权重分派反映教师管理部门对各项目的重视、鼓励程度，是其学科、教育功能发展战略在实践中的体现。各层级内的权重划分要根据学校或学院的学科特点、师资现状、近远期战略由管理者和教师群体协商确定，也可以借鉴集成考核应用成功单位的经验，使得管理者的教育改革目的和高校教师主业突出、多元服务的意愿有机结合起来。

3. 逐层集成模型理论

逐层集成模型理论方面，下级子系统绩效值向上级系统集成有以下四种模型。

（1）约束模型（瓶颈）

$$F = \min\{F_i\}，i = 12\cdots n$$

（2）加法模型（互补）

$$F = \sum_{i=1}^{n} \lambda_i F_i，\sum_{i=1}^{n} \lambda_i = 1$$

（3）乘法模型（串行）

$$F = \prod_{i=1}^{n} F_i$$

（4）混合模型（串并结合）

$$F = \sum_{i=1}^{n} \lambda_i F_i + \lambda_i \prod_{i=j}^{k-1} F_i + \cdots \sum_{i=k}^{n} \lambda_i F_i$$

约束模型是基于"木桶理论"以子系统中的瓶颈要素替代作为上级系统的集

成值；加法模型表示子系统各要素对于上层系统的集成值具有互补协同作用，应用加权集成的方式获得上层系统集成值；乘法模型反映子系统各要素间为串行协同关系；混合模型综合体现了子系统各要素间串并结合的协同关系。综合分析模型特性和教师绩效考核的基本思想，加法模型最符合全面、量化、集成考核教师多元绩效功能的原则，因此，确定加法模型作为高校教师绩效考核的指标集成方法。

（四）应用及说明

上述基于指标集成的高校教师绩效多维考核方法是一个系统的逐层绩效考核过程，最终综合绩效值的取得依赖于从指标层到模块层再到子系统层各层绩效的明确测评和集成，这一特点使其避免了以往评价"由底至顶"跳跃测评、掩盖中间层级绩效差异的弊病，并为后续人力管理环节应用考核结果提供了便利。

基于指标逐层集成考核绩效所带来的多元应用功能总结如下。

第一，经过全面、量化考核所得到的综合绩效值，成为薪金分配、职称晋升、整体评优等人力资源管理实践必需的前提数据。

第二，丰富的指标分布为促进高校教师发挥事业人群体多元潜能奠定了基础，促进其多样化价值体现点的形成。

第三，各层次、各项目绩效的完备性为高校教师的专项评优准备了客观条件，并为特定教师绩效瓶颈的反查提供了平台，进而开展有针对性的培训活动。

同时，该机制也有利于统计、研究教师群体逐层绩效的分布规律，实现"对症下药"的有效管理。

第三节 高校教师二元激励机制创新

一、激励机制的内涵

在实际的工作和现实的生活中，每一个人都需要激励，不论这种激励是来自自身还是来自他人。而作为一个团体来说也是同样的道理，没有激励这种作为动力的东西在整个团体（或团队）的实践活动中起着重要而充分的作用，那么这个团体将会因此止步不前，同时也将会失去很多获得进取、获得发展的机会，失去很多机遇，当然也就会失去应有的竞争活力。

激励，这是一个心理学的重要概念，它主要是指应用某些方法和措施去激发人的动机，因而使人产生一种内在的动力，并因此依靠这一动力朝着所期望的目标前进这样一种心理活动的过程。也就是说，激励是一种调动积极性的过程。只不过这种激励有大有小，激励所产生的实际效果也不尽相同。但事实上，激励历来是被成功的人们所常常使用的一种手段或者措施，它因此激发和促使个人或是团体为了实现自己既定的目标而奋勇向前。因此，人们又可以把激励这样一个心理学的概念恰当地引入管理的行为和实践中来，使人们在管理的过程当中能够更加顺利，也更加地富有成效。可以说，人们今天应该充分地赋予激励理论以新的意义。人们今天所处的这样一个时代，是越来越充满了各种竞争的时代，而在文明的竞争过程当中，人们就必须使自己不断地在前进的过程当中具有一定的新的动力才行。

高等院校的教育管理引入激励机制，这是意义十分重大的一件事情，它在赋予了教育管理以新的理念的同时，也使学校的教育管理者开阔了视野，而且它在具体的教育管理的实践中的可操作性也很强，极大地丰富了管理的内涵。

其实，要建立起一整套合理而有效的激励机制，很重要的一个问题是，人们必须讲求这个激励机制的科学性。激励机制的科学性应当体现出它的公正、严密的特性，要求它合理，要求它对绝大多数人有积极的、向上的引导作用，要求它切合学校实际，要求它符合时代的潮流，等等。

那么，怎样才能使激励机制真正发挥其应有的新的作用呢？

首先，激励机制必须建立在符合教育规律的基础之上才行。所有的教育包括高等教育都是一样的，有它特殊的规律。人们要办教育，要把教育搞上去，要让教育高效益地为现代化建设服务，就必须严格地按照教育自身的规律来进行。人们的教育特别是高等院校的教育，它极大地区别于社会上的其他行业，它的运行机制、实现目标等，与别的行业是完全不同的。正是因为它的特殊性，所以人们就不能做违背教育规律的事情，就不能只是一味地像社会上其他行业一样完全依靠高额的奖金来刺激被奖励的对象。又比如教学和科研的性质存在着明显差别，教师是偏重教学还是偏重科研？教学和科研在很多高校并不是同等重要的，其中的原因很多，但很重要的一点是高等院校的很多工作是被所谓的职称牵着走的。

因而在高等院校实行真正意义上的奖励，就必须在教学和科研的管理上实行一视同仁的做法。因此，正确地处理好对引进人才和对本校大多数人进行激励的关系也是很有必要的。在高等院校的管理中另一个最重要的方面就是关于大学生的管理，在大学生的管理中很重要的一条又是实行奖励，对学生的奖励仍然是纳入了学校的激励机制之中的。比如奖学金等的管理即是如此。

其次，高校的领导在激励机制的实行中起着重要的作用。在高等教育实际的管理当中，作为教育的主管者的领导显然在激励的实践活动中扮演着极为重要的角色。美国管理学家孔茨（Koontz）曾经说过："领导者和主管人员（如果是有效率的主管人员，几乎肯定是领导者），假如他要设计一个人们乐意在其中工作的环境，就必须使这个环境体现出对个人的激励作用。"而且他还进一步地说："一个主管人员如果不知道怎样激励人，便不能胜任这个工作。"很显然，学校的领导在每一项具体的管理工作中都应该始终如一地贯彻好激励这一措施，他应该是带头执行这一措施的模范，是这一措施的坚定拥护者和执行者。如何充分地调动和激发广大教师学习与工作的积极性，这应该是学校领导经常要思考的重要问题。他们不但要倡导和建立起必要的激励机制，更应该带头把这些激励机制使用起来，让它们在实践活动中产生出实实在在的效果。

另外，激励机制的建立，应该符合高等院校最广大的教师和学生的根本利益，并为广大教师和学生所拥护和接受。过去甚至包括现在，很多高等院校（当然包括很多的团体），虽然表面上也有自己的各种奖励条例、办法，但很多时候只是在重复地让很少的人在不断地获得奖励，这样长期下去，会让绝大多数的人失去前进的动力。激励机制在教育管理活动中应该切实地把对群体的激励放在重要的位置上，激励的目的是为了调动绝大多数人的学习和工作的积极性，以期达到改善教育教学的工作质量，从而加速实现学校预定的办学目标。教师是作为学校的一个整体而存在的，他们共同承担着提高教学质量、实现教育目标和教书育人的责任，所以，任何将这个群体忽略而又期望搞好管理的做法都是行不通的，而且也是十分可笑的。所以可以明确地强调的一点是，这种对教师进行激励的重点是在于对教师的群体激励，而不是在于对教师的个体激励。对学生的激励也是一样道理。当然，要明确的一点是，人们所实行的这种群体的激励并不是要搞新的"大锅饭"，并不是要搞新的平均主义。只是在实行激励机制的时候，既要突出群体，又不能忽视了重点，如果能够正确地处理好这两点，相信绝大多数人工作和学习的积极性是能够被充分地调动起来的。在人们为了某一种目标而努力奋斗的过程中，群体的力量应该是最为重要、最为全面的，相形之下，个体的力量就永远都显得格外渺小和微不足道。人们如果只是片面地注重了对个体的激励，从而忽略了对群体的激励，那么这个群体完全可能变成一盘散沙，并因此失去它应有的活力和竞争力。但是人们在注重了对群体的激励的同时，也不能藐视个体存在的重要性，还应该充分地激励那些"学术带头人""教学骨干"和"科研骨干"等，以对他们个体的激励，来更深层次地激励和带动大多数人，以对个体的激励反过来对群体进行激励。这二者的关系是相互统一的，并不矛盾。

再一个，人们所施行的激励机制是一种全面的激励机制，而不是某一种单纯的、片面的激励机制。并且人们还应该明确地知道，精神奖励的内容较之过去又有了广泛的补充，早已经不是过去一张奖状所能包括的。在新的历史时期，精神奖励的内容越来越具有了新的意义。人们可以把激励机制理解为一种助燃剂，全面而科学地执行激励机制，充分地利用它特有的效应，让它在教育管理的过程中发挥新的甚至更大的作用。

激励机制在高等院校的管理中发挥着越来越重要的作用，这是高等院校在今后的发展中所不可缺少也不可能回避的现实。人们只能充分地利用它的特殊性，在高等院校的教育管理中既对学生也对教师产生作用，充分地调动最广大的学生和教师的学习与工作的积极性，搞好教育改革与发展，从而更好、更多地培养出对现代化建设有用的人才。

二、高校教师二元激励机制的提出

实施人才强国战略，高校必须大力实施人才强校战略，加快提升学术管理水平、教学科研水平和学科建设水平。而完善与强化高校教师激励机制，是大力实施人才强校战略的重要措施之一。

（一）深化认识高校教师激励机制运行要素是完善和强化高校教师激励机制的基础

高校教师激励机制是指高校教师的激励主体根据高校管理工作特点、教师激励工作特点和教师心理特点，对高校教师的激励客体发出激励信息，刺激工作需求，激发工作动机，施行激励行为，调控激励效应，使他们充分发挥内在的工作潜力，为实现激励主体和客体所一致认同的激励目标而努力的机制。高校教师激励机制的运行要素主要包括激励主体、激励客体、激励行为。

1. 深化认识高校教师的激励主体及其特点

广义地说，只要是向高校教师发出激励信息并施行了激励行为的任何个人、群体或组织，都可视为高校教师的激励主体。狭义地说，高校各级领导和师资管理工作者（包括中青年教师的指导教师等）是高校教师最直接的激励主体。激励主体具有主导性和层次性的特点。激励主体的主导性，要求激励主体必须主动地、积极地、系统地实施激励行为，关注激励效果，而不可被动应付。激励主体的层次性，要求激励行为通过多层次的工作来系统实施，而不可单一地依靠某一专职部门或某一项政策措施。激励主体尤其需要建立激励客体的相互激励机制，促使他们为共同目标而共同奋斗。

2. 深化认识高校教师的激励客体及其特点

高校教师的个体、群体或组织都是高校教师的激励客体。其中，教师个体在一定条件下充当双重角色，既可以是激励客体，又可能成为激励主体。激励客体具有从动性、能动性、差异性和动态性的特点。激励客体的从动性和能动性，要求激励主体和客体之间建立协调互动的关系，尤其不能忽视激励客体的能动性。激励客体的差异性和动态性，要求激励机制和激励行为应当注重因人而异、因时而异。

3. 深化认识高校教师的激励行为及其内涵

激励行为是指激励主体为了激发激励客体的潜在能力和调动激励客体的工作积极性、主动性和创造性所采取的一系列措施和行动。狭义地说，激励主体增强自身的激励意识、提高自身的综合素质、掌握激励客体思想动态等行为是教师激励的前奏曲；激励主体优化激励客体的发展环境、系统运用激励方法、积极协调与激励客体关系等行为是教师激励的进行曲；激励主体深化对激励效应的认识和研究、建立激励效应的检验与反馈机制、探索激励效应的检验方法等行为则是教师激励的后续曲。广义地说，无论是教师激励的前奏曲、进行曲还是后续曲，都属于高校教师激励行为的基本内涵。

（二）高度重视教师激励的前期工作是完善和强化高校教师激励机制的前提

1. 高度重视增强激励主体的激励意识

激励意识是指激励主体对激励客体、激励目标、激励内容、激励方法、激励效应的认识、判断等的积极的心理过程。激励主体的激励意识直接关系到对激励客体的态度是否端正，激励目标是否明确，激励内容是否恰当，激励方法是否科学，激励效应是否显著，进而关系到所制定的各种有关高校教师管理的政策、法规、规章制度及组织行为是否具有激励性，各种组织行为是否积极、主动。因此，必须高度重视增强激励主体的激励意识，促使其在各种工作中始终注重有效融入对激励客体的激励措施。

2. 高度重视提高激励主体的自身素质

激励主体的自身素质是其施行教师激励行为、取得良好激励效应的重要保证。激励主体的自身素质最终体现在人格水准和业务水平两个方面。激励主体的人格水准是一种学习榜样的感召力，是一种人性关怀的亲和力，是一种共同目标的凝聚力，其本身就具有强大的激励作用。激励主体的业务水平，包括学术水平和管理水平，直接关系到激励行为的科学和有效。因此，必须高度重视提高教师激励主体的自身素质，促使其对激励客体发挥更大、更好的激励作用。

3. 高度重视高校教师思想动态的调研分析

在社会大环境和学校小环境的不同发展时期与阶段，激励客体的思想观念、工作需求和工作动机都会相应发生变化。准确及时地掌握激励客体的思想动态，是激励主体有效施行激励行为的重要前提。当前，高校教师的思想状况是多姿多彩的，既有促进教育事业发展、培养学生成才、在科学研究方面取得成功、提高社会地位等成就需要，又有受到学生爱戴、强化自我认同等自尊需要；既有改善工作条件、获得进修机会、获得晋升机会、增强竞争能力等职业进展需要，又有提高工资待遇、扩大住房面积、改善生活条件等生活需要；等等。因此，激励主体必须高度重视对激励客体各种思想动态的调研分析，做到心中有数，从而使教师激励行为更具有针对性和实效性。

（三）积极有效施行教师激励行为是完善和强化高校教师激励机制的关键

积极有效施行教师激励行为包括优化教师工作环境、有效运用激励方法、积极协调激励主体与客体之间关系等重要环节，是高校教师激励机制有效运行的核心内容，是完善和强化高校教师激励机制的关键。

1. 积极有效地优化高校教师的工作环境

高校教师的工作环境是高校教师激励的外部动力源泉，为高校教师激励的形成提供了客观的现实性和可能性，是构成高校教师激励的重要外部条件。高校教师工作环境分为自然环境、社会环境、规范环境和生理心理环境，为此，激励主体相应地要做好四方面工作：一是为教师营造一个净化、美化的自然环境，使他们能够心情舒畅地投入工作；二是为教师营造一个宁静、宽松、和谐的社会环境，使他们减少干扰、安心工作；三是为教师营造一个科学、民主、公平的规范环境，使他们保持正常的工作秩序，积极开展学术研究；四是为教师营造一个健康、健全的生理心理环境，促使他们强健体魄、陶冶情操、稳定情绪、发展人格，实现自身的可持续发展。

2. 积极探索及运用行之有效的高校教师激励方法

激励方法是激励主体在施行激励行为的实践活动中，为达到激励目标所应用的激励途径、激励手段、激励方式的总和。激励方法的实质在于使激励主体和激励客体相联系，运用已经掌握的激励客体特点和思想动态，采取适当的途径、手段和方式作用于激励客体，以达到有效地调动激励客体工作积极性、主动性和创造性的目的。高校教师的激励方法很多，如目标激励方法、使命激励方法、信任激励方法、奖惩激励方法、薪酬激励方法等。激励主体只有充分掌握并恰当地针对激励客体的不同需求和特点，选用恰当的激励方法，才能达到一定的激励目标。

3. 积极有效地协调好激励主体和客体之间的关系

高校教师的激励主体和激励客体之间的关系应是利益关系相同、工作目标相同但工作性质不同、工作角色不同的工作伙伴关系，更应该是相互联系、相互依存、相互协作、互为补充、和谐相处的同事关系。由于激励主体拟定的激励目标与激励客体本身要实现的目标往往不会完全一致，甚至可能处于一种对立矛盾的状态。在这种情况下，如果激励主体和客体之间没有协调好关系，激励作用就会完全失效。因此，激励主体必须积极有效地协调好与激励客体之间的关系，实现积极有效地施行激励行为的目的。

（四）切实做好教师激励的后续工作是完善和强化高校教师激励机制的保证

1. 切实加强高校教师激励效应的研究

激励效应是指激励主体对激励客体施行激励行为后所产生的各种思想、态度、行为、状况的变化。激励效应可分为正效应、负效应和无效应，但无论哪种效应，具体体现在高校教师身上，都表现出一定的行为特征和心理特征。高校教师激励效应的行为特征又称外部特征，其正效应表现为高校教师的积极工作行为，具有外显性，激励主体比较容易了解到。高校教师激励效应的心理特征又称内部特征，主要指心理活动即需要、动机、兴趣、信念等的选择性。这些内在状态往往要通过对高校教师的注意、疲劳、紧张、轻松、忧伤、喜悦等的观察才能间接地了解到，具有隐现性特征。深入研究激励机制运行全过程的激励效应，及时做出准确判断，才能为高校教师激励机制的完善和强化提供有效的决策依据与行为的修正。

2. 积极探索建立高校教师激励效应的检验与反馈机制

积极探索建立高校教师激励效应的检验与反馈机制对于完善和强化高校教师激励机制具有十分重要的意义。这是因为：第一，通过激励效应的检验机制能及时掌握真实的激励结果，从而促进激励机制和激励行为的调整；第二，通过激励效应的反馈机制可以了解激励过程中制约激励效应的有利条件、不利条件及出现的问题，并及时传递到激励主体，成为修正、完善激励机制的依据，同时通过主动调节激励信息和激励行为，使其更加适应完善后的激励机制的运行需要，从而强化激励的正效应。

3. 积极探索并运用行之有效的激励效应检验方法

目前，通常采取的激励效应检验方法主要有观察法、调查法、统计法和追踪法等。由于高校教师的激励效应是十分复杂的，激励主体应该根据高校管理工作特点、教师激励工作特点及激励客体行为特点，结合目前通用的激励效应检验方法，积极探索并运用行之有效的激励效应检验方法，达到准确、客观地反映教师激励效应的目的，为完善与强化高校教师激励机制、有效推进人才强校战略的实施做出创新性的贡献。

三、高校教师二元激励机制的结构性分析

高校教师激励机制即在尊重高校教师主体性的基础上，通过多种外部诱因来满足其正当需要，从而激活教师内驱力和维系教师积极行为的过程。建立和完善高校教师激励机制，就必须科学地分析教师的需求结构与需求层次，并尽可能地满足其中的正当需要，因为只有在准确把握教师需求的基础上而建立的激励机制才能达到应有的激励效果。

（一）高校教师需求的基本特征

1. 高校教师需求的高层次性

高校教师的文化层次和精神素质都比较高，教师劳动的特殊性和认知状态差异使其需求也呈现出较高的层次。借鉴需要理论对个人需要层次的划分，高校教师除了有基本的物质需要外，还有强烈的学习与发展需要、自尊与荣誉需要、创造与成就需要等高层次需要。

2. 高校教师需求的精神主导性

高校教师在最基本的生存需要得以满足的基础上，会渴望自身的付出得到社会客观公正的评价、认可与尊重，渴望能最大限度地体现自我的价值。他们有专业成长的需要，而且这种需要能成为高校教师进行科学研究、提升学术水平、改善知识结构的强大动力。总之，高校教师更需要事业上有成就、能力上有提高、学术上有建树。

3. 高校教师需求的物质暂时性

高校教师职业具有和一般社会职业不同的高层次性和精神性等特点，而当他们的物质需求得到满足并认为回报基本公平公正的时候，往往就不再强调物质需要，其主导需求很快向专业发展和学术发展转移。也就是说，高校教师的物质主导需求具有暂时性的特点，并不是完全连续的，只有当工资待遇等相对值较低或其报酬缺乏公平公正的时候，物质需求才会成为他们的主导需求。

（二）高校教师需求的结构与层次分析

1. 尊重的需要

在当今快速发展的经济社会中，高校教师不仅有基本的生存需求，还有更高的理想和目标追求，他们不但希望获得较高的收入，更渴望得到整个社会的尊重并获得事业发展的更大空间。尊重教师是尊重知识和尊重创造力的具体体现，它能激励教师更加自觉地以人格魅力、学术魅力和创造性的工作赢得全社会的尊重。因此，承认并尊重教师的价值，为其搭建一个实现自我价值的平台，使他们有一个知识更新与能力提升的渠道，将会对他们形成更加有力的激励。高校教师的尊重需要主要表现为对高一级技术职称的追求和教学、科研绩效的认可，因为这些是教师工作成就、自我实现和社会地位的主要标志，而且职称、绩效亦与其工资收入紧密相连。

2. 职业发展与自我实现的需要

自我实现指发挥个人能力和实现个人理想抱负的最大限度。根据马斯洛的需要层次理论，自我实现需要是人最高层次的需求。教师良好的职业发展空间可以激发其成就动机与自我实现的预期，对教师教学而言，它能促使其不断创新和探索有效的教学方法，促进教学相长。从高校教师的职业性质来分析，高校教师是社会各阶层中受教育程度较高的职业群体，职业的"知识性"和"学术性"特点使其具有很高的成就动机。从教师职业的特点看，高校教师从事的工作智力性较强，对教学、科研、教书育人工作的程序和成效很难进行具体规定与控制，也很难全部采用高度量化的经济效益指标来衡量，对他们最有效的激励就是推进其职业发展，促进其自我实现。

3. 酬薪满意的需要

需要是人的本性，需要是教师工作积极性的基本动因和重要源泉。工资酬薪能对高校教师产生明显的激励，因为工资不仅体现教师工作收入的多少，更是教师职业价值的体现，是其社会地位和荣誉的象征。然而，在许多高校，工资和津贴对相应级别的教师来说几乎是固定不变的，并已成为"保健因素"，没有起到多大的激励效应。近几年，高校教师的收入在纵向上已有较大幅度的提升，但在横向上与社会其他行业人员相比，其社会地位、劳动价值、工作付出与收入回报的对等方面，整体水平仍然不高。以酬薪改善为主要内容的经济因素已成为当前高校教师的主导需求之一，高校教师既希望增加工资收入水平，又希望收入的增加能体现公平公正的原则，包括学校内部分配的公平公正和社会其他职业横向比较的公平公正。

4. 外部环境和谐的需要

高校教师是文化与修养较高的知识群体，他们在创造工作绩效的同时还十分关注所处环境的变化，包括学校的政策制度环境、学术文化环境及自己周围的人际关系等。学校的政策制度环境在教师激励体系中起着导向性作用，如教师职务评聘、岗位绩效考核、教师评价作为教师管理制度中的核心要件，对教师的激励最直接、最有力。高校教师有着强烈的事业发展与自我实现需要，高校应通过各种途径与方式，树立行政管理服务于学术管理的理念，为教师创造良好的学术文化环境，使教师在实现自我价值的同时，学校教育的价值也得到充分的体现。教师期望校园人际关系和谐，希望自己工作在一个互相尊重和互相帮助的和谐环境中，因为只有在和谐的校园环境和氛围中，教师的个性和创造力才能得到最好的发挥。这不仅是高校对自身管理水平和管理效率更全面的追求，也是在社会文明的进步和发展中，人们对自身价值的一种认知与尊重。

5. 学术权力的需要

大学是探求与传播高深知识的场所，其基本活动是学术活动。高校教师职业追求的本质在于知识创造与学术自由，"学术人"特征是高校教师区别于社会其他职业的显著标志，教师学术权力的存在与需要正是其根本属性的要求。学术权力指大学学者对大学学术事务的直接管理和控制，主要指大学教授个体与学术委员会的权力，尤其指学术委员会的权力。保证和尊重教师群体的学术权力是尊重知识、尊重人才的必然要求。然而，目前高校管理中行政色彩浓厚，常常以行政管理模式代替学术管理，以教师形式上的参与代替教师决策，学术权力在行政决策中仅处于咨询与参谋的地位，学术管理行政化严重影响了教师激励机制的建立与运行。高校是行政权力与学术权力并存的学术组织，要正视教师（教授）群体的学术权力需要，建立相对宽松的权力运行环境，推进学术权力与行政权力共同协商、共同处理学校事务，形成相互制衡的运行机制，这样才有利于教师激励机制的有效运行。

（三）基于需求分析的高校教师激励机制的完善

基于需求分析和完善教师激励机制，对于高校教师建立正确的行为动机、自觉选择道德行为和努力行为，使其全身心地投入到高校改革与发展之中，具有重要的现实意义。

1. 创新生态的大学文化，尊重学术权力

高校教师从事教学、科研和学术活动，独创性和自主性较强，需要拥有一个自主激励的外在软环境。学校作为一个传授知识的社会场所，学校发展的根是生态的文化而不是权力，因为权力表现出来的是专制和唯我是从，生态的文化表现出来的却是开放的精神和活力。高校要充分尊重广大教师的需要、兴趣和价值，以科学精神为基础，以人文精神为导向，激发他们创造知识和传承知识的使命感、责任感和科学精神。由于教师在高校组织中独立性、自主性和工作的思维性较强，因此，高校应强调更多的自律性和责任感，强调人文的柔性约束，强调教师间合作的自愿性和个体的自我激励与自我实现。

2. 设计柔性的激励制度

高校要从制度上寻找激励，毕竟制度比情感更加令人信任，也更容易引导教师理性地投入教学、科研和人才培养工作。一是要构筑有利于学校科学发展的制度落实体系和制度环境。只有根据高校教师的职业特点和主导需要，制定出与之相匹配的、以精神激励为主导的制度创新，强化教师的角色意识和工作职责，科学合理地引导和规范教师的行为选择，才能持久而稳定地提高教师的工作绩效。因此，高校应根据教师的专业特点、个性特点、研究领域等为其进行职业生涯规划，帮助教师明确职业发展的总目标和阶段目标，并为教师实现职业目标创造条件和提供支持。二是核心制度要与配套制度相配合，实施行之有效的政策激励。制度安排是为实现一定的目的服务的，好的制度能引导和激励人朝着制度本身指引的方向积极做事，差的制度对积极的人起不到激励作用，反而会成为制约人们发展的理由。高校要在教师教学、科研、进修、课程改革、评优、申报课题及后勤保障等方面制定相应的政策激励，保证教师对学校的有效供给，更要通过政策引导，做好高层次人才和中青年学科带头人、学术骨干等的培养和稳定工作，激励教师的创造活力和创业热情。

3. 满足合理的主导需求

人的需要是有阶段性的，在不同时期常常有压倒其他需要的主导需要，对主导需要的追求才是人的行为的驱动力。影响高校教师工作动力和创造性的主要因素有工作条件与环境、收入水平、领导行为及个人发展等，这些因素对于不同学校、不同教师所产生的影响也不尽相同，较为普遍和迫切的需要有：学历、职称、业务培训、科研经费、课程进修、国内外学术交流、住房等。因此，高校要充分了解教师的需求结构与层次，分清合理需求和不合理需求，并找出合理的主导需求。教师的合理需求主要包括职业稳定需要、改善工资待遇、工作条件、培训进修、学术尊重等内容，对于工资待遇等浅层次的物质需求，高校应尽可能根据整个社会的生活消费水平和学校实际，有条件地给教师以适度满足，并体现出公平和公正。对专业学术发展等高层次的精神需求，高校要紧密结合学校的长远发展需要，创造条件（特别是激励性政策）鼓励和引导教师将自我发展、自我实现与学校总体发展目标保持一致。

4. 重视教师培养和培训

高校教师职业的特殊性决定了其具有强烈的求知欲和进取心，特别在知识经济时代，他们更加渴望通过进修和培训来完善知识结构、提高教学技能、加强自身素质。教师专业发展是一个教师的成长过程，也是一种具体的实践过程，这一发展过程的实现不但要求教师自身主动学习和不懈努力，更需要创设良好的外部环境和条件来帮助与督促他们。培训着眼于人力资源的开发和人们的职业发展，关注的是在现实的职业发展领域，作为组织的成员如何随着外界环境的变化和组织自身发展变革的需要调整自己，以适应这种变化。为此，要有效地对高校教师进行激励，就要突出成长性原则，为他们提供一个有利于自身发展与提高、能够吸引其为之奋斗的事业平台和成长空间。高校管理者要设置一定的帮助机制、督促机制来促进教师的职业发展，实施可持续发展的教师职业管理与职业生涯规划，积极创造条件对教师进行在职培训、自学进修和脱产轮训及出国深造等，要把教师的使用和培养有机结合起来，努力为其提供培训、进修、学习的机会，支持他们不断进取、不断学习、不断提高。

5. 进行动态的差异性激励

高校教师需求存在着年龄、职称、学历等带来的差异，这决定了高校管理者应针对不同年龄阶段、不同学历和职称的教师采取相应的激励措施，以达到满足各类教师需要的目的。只有充分认识不同层次、不同类型教师的需要结构、需求层次及他们在不同时期的主导需要，有针对性地设置不同的激励诱因，才能持续有效地对教师进行激励。高校教师需要的复杂性决定了激励手段的复杂性，高校要采取多样化、灵活的激励方案，兼顾教学激励和科研激励，充分考虑不同个体、部门、学科、职称的多样、灵活的激励机制，既要重视物质上的激励，建立包括教师年薪分配、住房医疗等物质奖励机制，合理确定工资制度、奖励制度和评价考核制度，也要重视精神上的激励，建立教师专业技术职务晋升的激励机制、科学的选人用人制度等。此外，高校要积极探索并运用行之有效的激励效应的检验方法，如调查法、观察法、统计法和追踪法等，准确客观地掌握教师激励的效应，以进一步完善与强化教师激励机制，有效地推进人才强校战略的成功实施。

四、高校教师二元激励机制的实施

薪酬激励机制是高校教师激励机制的一项重要激励机制。在现代市场经济社会，物质待遇在价值评判标准中的分量越来越重，任何人，特别是作为高层次人才的高校教师均会面临自我评价和社会价值评价问题。物质待遇的高低，是最直观的标准。学校应使教师获得的薪酬与教师科研与教学的工作绩效挂钩，加大校内津贴与工作业绩的挂钩力度。根据不同人员的业绩大小，进行相应的薪酬分配，实现"优劳优酬"，在薪酬普遍提高的基础上，拉大现行教师工资差距，重点向优秀教师倾斜，充分发挥薪酬的激励功能，充分调动广大教师的工作积极性，促进广大教师的工作数量和质量的提高。

（一）普遍提高高校教师的薪酬水平

大学教育作为高层次的人才培养教育阶段，肩负着是否能为国家培养出具有时代精神和创新能力的社会主义事业的建设者与接班人，能否为知识特别是基础知识的发展和创新提供智力支持。现有的大学教师的薪酬水平很难满足高等教育的社会要求和历史使命，更不足以吸引一流人才走入高等教育行业。因此，在前期高校分配制度改革的基础上，人们认为应该进一步提高高校教师的收入水平，使高等教育不仅成为全社会最高尚的职业，而且成为薪酬分配相对较高的行业，以便于吸引高层次人才的加盟。

（二）制定和完善岗薪结合的分配体系

一是明确职称评审制度与岗位聘任的关系，全面总结多年来各地职称评审体系中的先进经验，克服其先天性和后天性的不足，使其更好地发挥"能力衡量尺度"的作用。尤其是一次评定终身受益的制度结果，即在取得职称评审的结果后就成为个人身份的表现形式，不再需要继续努力，强化现有职称水平。因此，在确定教师岗位等级时，只能将其职称水平作为岗位聘任的参考依据，而主要应当将考察的着眼点放在教师的学术成果和业绩上。

二是以岗位定薪，岗薪结合。实行以岗定薪、岗薪结合的关键在于要根据学院发展需要设置岗位级别，明确岗位任务书，并与个人签订岗位任务书，按实际履行岗位职责的情况进行考核、兑现待遇，这种考核及分配方式尽管操作起来很麻烦，但更加符合人们的认知逻辑，可以充分调动高校人力资本拥有者的积极性。

三是根据教学和科研工作量积分，并根据积分数付给相应的劳动报酬。学校从宏观上制定了考核指标和相应的计算办法后，各院系根据单位的收入和具体的情况折算每个积分的分值，制定出教学积分津贴、科研积分津贴等。首先是按照学校的考核指标体系进行打分，计算出单位每个教师的总积分数（包括教学积分、科研积分、管理积分等）。然后根据单位的收入情况，将可分配的份额折算出每个积分的分值，最后得出每个教师应该得到的津贴。

（三）处理好教学与科研和数量与质量的关系

第一，教师的工作数量与工作质量的统一。有些学校将学生对老师的教学评价作为教学质量评价的唯一依据，这有许多不妥之处。培养人才是高等教育根本使命，在高校的人才培养计划中，课堂教学是十分重要的环节，绝不能被忽略。因此，首先必须扎扎实实地对教师的课堂教学效果进行全面的评价。在教学、科研津贴分配比例上，必须提高教学工作的津贴份额。在此基础上，应强调重点奖励在权威性杂志上发表的文章，提高高水平科研成果的奖励额度。

第二，鼓励教学和科研创新。知识的创新本身也是教学、科研工作质量和水平的表现。鼓励教学、科研创新，鼓励科技成果向社会转化，激励广大教学科研人员的创造性和积极性，鼓励多出成果，提升学校教学科研的整体水平，必须加大教学和科研创新的奖励力度。

（四）分配要有所侧重

将岗位聘任和绩效作为分配的重要依据，使收入、分配与绩效、贡献、责任挂钩，充分发挥分配的激励作用。分配向重要岗位倾斜，向有突出贡献的学科带头人倾斜，向教学、科研骨干倾斜，真正做到按实际贡献多少、岗位责任大小、优质优酬，把想留的人留下来，让想走的人走出去，让有限的经费发挥出最大的效益。

参考文献

［1］ 史丽杰，薛文河，张运法．人力资源管理建设发展与创新研究［M］．北京：现代出版社，2023．

［2］ 杨园．当代人力资源管理创新实践研究［M］．北京：北京工业大学出版社，2023．

［3］ 李华林，林秋雨，冯卓立．人力资源管理与经济发展［M］．哈尔滨：哈尔滨出版社，2023．

［4］ 黄智敏，陈晓婧．人力资源管理理论与实务发展研究［M］．长春：吉林出版集团股份有限公司，2023．

［5］ 徐小茹．现代人力资源管理及信息化发展研究［M］．长春：吉林出版集团股份有限公司，2023．

［6］ 张燕娣．人力资源培训与开发［M］．上海：复旦大学出版社，2022．

［7］ 牛东旗，王玉翠，刘闯．人力资源管理［M］．长春：吉林出版集团股份有限公司，2023．

［8］ 林绍珍．人力资源管理［M］．北京：经济管理出版社，2023．

［9］ 梁金如．人力资源优化管理与创新研究［M］．北京：北京工业大学出版社，2022．

［10］ 焦艳芳．人力资源管理理论研究与大数据应用［M］．北京：北京工业大学出版社，2022．

［11］ 赵娟．新时期高校人力资源管理理论与创新［M］．长春：吉林出版集团股份有限公司，2022．

［12］ 靳豆豆，王军旗，蒋杨鸽．多维视角下人力资源管理模式研究［M］．长春：吉林出版集团股份有限公司，2022．

[13] 张洪峰. 现代人力资源管理模式与创新研究 [M]. 延吉：延边大学出版社，2022.

[14] 李佳明，钟鸣. 21世纪人力资源管理转型升级与实践创新研究 [M]. 太原：山西经济出版社，2021.

[15] 王丹. 高校人力资源管理发展与服务创新研究 [M]. 西安：西北工业大学出版社，2021.

[16] 赵晓毅，杨学智. 高校人力资源管理创新与师资队伍建设研究 [M]. 长春：吉林出版集团股份有限公司，2021.

[17] 郎虎，王晓燕，吕佳. 人力资源管理探索与实践 [M]. 长春：吉林人民出版社，2021.

[18] 金艳青. 人力资源管理与服务研究 [M]. 长春：吉林人民出版社，2021.

[19] 孙鹏红，王晖. 现代人力资源管理优化研究 [M]. 长春：吉林人民出版社，2021.

[20] 李业昆. 人力资源管理 [M]. 北京：电子工业出版社，2021.

[21] 黄波，黄丽. 人力资源管理 [M]. 北京：经济管理出版社，2021.

[22] 林洁，李欢. 人力资源管理 [M]. 镇江：江苏大学出版社，2021.

[23] 李群，杨岚，顾春柳. 人力资源管理 [M]. 西安：西安电子科学技术大学出版社，2021.

[24] 叶云霞. 高校人力资源管理与服务研究 [M]. 长春：吉林大学出版社，2020.

[25] 黄娜. 高校人力资源管理发展探索与创新 [M]. 延吉：延边大学出版社，2020.

[26] 刘俊燕. 新时期高校人力资源管理机制研究 [M]. 长春：吉林大学出版社，2020.

[27] 杨凌云. 现代人力资源管理及其新发展 [M]. 天津：天津科学技术出版社，2020.

［28］王文军．人力资源培训与开发［M］．长春：吉林科学技术出版社，2020.

［29］王全在．新发展理念下人力资源管理的发展与创新［M］．西安：西北工业大学出版社，2020.

［30］陈伟．人力资源管理发展与创新［M］．长春：吉林科学技术出版社，2020.

［31］李明哲．人力资源管理艺术与思维创新［M］．长春：吉林美术出版社，2020.

［32］冯荣珍，庞博．创新导向的人力资源管理模式研究［M］．延吉：延边大学出版社，2020.